遠三外傳

阿三的三

微型小說集

文外　著

目錄

小中见大阿三系列

（代序）

凌鼎年

陳小青是一個很普通的名字，叫這名字的也許有幾千幾萬，但這名字卻是個與作家有緣的名字。很多讀者可能聽說過著名偵探小說作家「程小青」的大名，常常被人寫成「陳小青」。江蘇省作家協會的前任主席叫範小青，看來「小青」真是個作家之名。

陳小青，女，曾經是北美華府華文作家協會第十二屆會長（2018——2020），華盛頓地區【文繫中華】編輯部創辦人，第一屆總編，現榮譽總編，也是《華府新聞日報》「文繫中華專欄」創辦人，還是《人間福報》小說版的專欄作家。她在留學美國早期，曾擔任過多家海外中文網絡雜誌的編輯。

她發表作品時常常用筆名「文外」，文外文外，顧名思義，就是在文學以外，這是自謙，也有幾分自嘲。因為她學過醫，正兒八經讀過醫學院，也一直在美國醫療衛生系統工作，寫小說，玩文學，是一種業余愛好。說的好聽些，跟魯迅學的，棄醫從

文，其實，她並沒有放棄自己的主業，文學，是她八小時外的副業，一種追求，一種學習，一種陶冶情操，一種自我提升，一種精神世界的滿足，一種人生境界的修煉，不能算不務正業。

最近，她發來一組小說稿，說準備結集出版，要我寫個代序。

作為新文友，我對她的了解還有限，但幾次接觸，印象頗佳。確確實實是個有文學情節的人。她寫小說，寫文章，不為稿費，不為出名，只是有感而發，一吐為快，只是讓自己的生活充實，多彩。一顆平常心，寫成燦爛文。

我知道她的這個阿三系列基本上都是發在臺灣的《人間福報》上的。這報我沒有打過交道，據我有限的了解，這張報紙與佛光中心有關，有佛教背景，推崇「真、善、美」，宣揚仁愛，倡導和平，除了新聞報道，也有文學副刊，蠻受讀者喜歡的。關於福報，我的理解，無非是長壽、富貴、康寧、有德，與善終，也即五福，擁有這五福是人生中最健康的狀態，最完美的善果。

陳小青筆下的阿三，從名字看是個小人物，或許在家排行老三，或許只是阿貓阿狗之類小名、乳名，平常而又平常，談不上微言大義，總之，與那些文縐縐有寓意有內涵的高大上的貴氣名字不可同

日而語，人物的名字一旦定了，人物的基調也就定了，這不是迷信，在小說作品中尤其如此。顯然，阿三不是大人物，不是英雄豪傑，不是文人騷客，算不上社會精英，最多是個中產階級。阿三的所作所為，所言所語都是普通人的生活常態，是城市人365天點點滴滴的展示，只不過經過歸納、提煉、加工，更集中，更典型而已。阿三是個人名，也可以理解為一個社會符號、文化角色，代表了一類人，即生活在底層的平頭百姓，或中產階級人士。是的，阿三的故事沒有宏大敘事，沒有驚天偉業，沒有英雄壯舉，沒有轟轟烈烈，沒有豪言壯語，有的只是瑣瑣碎碎，有的只是平平常常，有的只是油鹽柴米茶，有的只是小人物的喜怒哀樂，當然，有他的親情、愛情、友情、鄉情，有他的小九九，有他的小聰明，有他的努力，有他的追求，一切的一切都很實在，都很接地氣。這樣的人物是有生活原型的，是真實的，是可信的，這樣的故事是源於生活的，是能引起讀者共鳴的。

陳小青的這本集子的作品基本上是2020年以來的新作，所有的故事都發生在美國，阿三是華人，華人再多，在美國還是在異國他鄉，還是算少數民族，如何落地生根，融入主流社會，應該是可供發掘的富礦，寫不完。又因為是近幾年的人與事，內容與這個時代貼得較近，讀起來有一種親切感，有一種身臨其境感。這個阿三，你似乎似曾相識，是

不是像你的某個朋友，某個鄰居，某個同學，某個同事，在阿三的故事裏有他們的影子，或者覺得某一篇就是寫的他。通過阿三的故事，還能燭照自己，發現自己，可以自省，可以反思，也可以警覺，可以自勉，很有意思，很有價值。

也許，單篇看，有點單薄，不夠份量，但結成系列，形成人物的長卷，集中讀，集中品，味道就不一樣了，韻味就厚實了。這就是系列的優勢，系列的魅力。

當然阿三系列也是開放式的，故事可多可少，只要有靈感，有興趣，有時間，可以一路寫下去。分拆讀，是微型小說，集中讀，相當於長篇小說。

讀陳小青的阿三系列使我想起了我的文友滕剛的張三系列，有異曲同工之妙。記得滕剛後來有意把張三系列作為長篇小說出版了，反響不錯，這種嘗試是成功的。陳小青不妨也試試。

陳小青的這本阿三系列的另一個特色是其哥哥為集子中的故事插圖。一文一圖，簡潔洗練，抓住要害，領會中心，一擊即中，過目難忘，這些插圖使我想到一個詞匯，即「逸筆草草」，即用最簡單的線條與構圖，把人物的音容笑貌，把故事的精粹、精彩呈現給讀者，有誇張，有變形，有寫實，有荒

誕，頗有幾分傳神的功力，達到圖文並茂的閱讀效果，我想，這樣的小說集是會受讀者喜歡的。

2024 年元月 21 日于太倉先飛齋

凌鼎年，中國作協會員、世界華文微型小說研究會會長、作家網副總編，亞洲微電影學院客座教授、西交利物浦大學校外導師、蘇州健雄學院婁東文化研究所特聘研究員、蘇州市政府特聘校外專家、中國微型小說校園行組委會主席、講師團團長。

一介華人在異地 （代序）

吳鈞堯

　　書名《遠三外傳：阿三的三》，主要源自《阿三在美》專欄文章，標示了文化的移動。中國到美國、東方與西方，當人種、文化、習俗、價值觀等彼此接壤時，如果沒有理想的燃點，很容易發生破綻、斷裂。譬如水與奶粉，如何調理才能獲得最佳比例；再如焊接工程，什麼樣的溫度才能融化焊條，把幾種堅硬體質，揉成一體。

　　因而人與人，本來就有軟、硬兩種銜接，尤其到了異地，不只是空間的移軌，更是參差觀照。阿三，一個在美國生活打拼的華人，他該如何秉持故有的道德、美德、審美，而非外國月亮比較圓，老是踩在較低的台階。這便面臨難題。

　　美國號稱民族熔爐，仍有其根深蒂固的優越意識，「熔爐」或許是強國收編各樣族群的口號，生活現實中，有色人種仍可能是弱勢，在他強、我弱的情勢下，阿三、或者說陳小青，調用多篇動人故事，發揮四兩撥千金的細膩力道，在美國異地，為華人立場說話。說話本身，未必搶到麥克風就贏、當然也不是聲量愈高就是贏家。

　　陳小青化身「阿三」，從家庭、生活、教育、醫療、職場等各個現實層切面入手，展現睿智，故而本書不單只是精彩故事的集錦，也在指出面對強勢文化，怎麼轉彎，才可以迂迴勝出。「勝出」並不能當作人際的根本，但「尊嚴」絕對是人的根本，如何在糾紛中妥善出招，不自傷、不傷人，輸家、贏家皆大歡喜，陳小青派遣阿三登台亮相，從中提煉的處世智慧，想必是在翻攪紅塵中，以血淚換來，而今出版成集，遂有推己及人的用心。

　　兩篇以孩童為主角的作品，〈阿三的存錢罐〉貪吃零食與存錢之間頗有矛盾，陳小青掌握孩童愛玩心理，慢慢給予糾正。〈鄰家小兒很聰明〉關紗窗、打蟲、打藥，大人與小孩之間有趣辯證，「究竟開車挑藥付錢買藥開車回家蓋東西關窗打藥再開窗放氣扔了蓋東西的東西方便呢」、「還是順手關上紗門更容易」。對的道理必須繞路去說，才能勸導偏差作為。白人的莫名優越，不只在成人，小孩也是，本篇把美國孩童「惹人厭」的成分做了生動描繪，讓人會心一笑。

　　兩篇有關「眼睛」的作品。〈眼友俱樂部〉涉及實際醫療，以及漸老以後的疾病問題。好友們熱鬧討論，把眼疾跟美國醫療的狀態做了說明，很有曲終人不散的韻味。雖是打鬧鬥嘴，卻能看到真正情誼。本篇熱鬧非凡，讓人想到華人在異地，儘管

有歧見、有競爭，但若有志同道合好夥伴，也成形成「舒適圈」，一個可以安身立命的窩，它的存在並非一個具體空間，一場聚會與言談，都是紛擾人間的倚靠。

〈意外眼友〉巧遇以前同事約翰，透過他，間接描繪辦公室內幕，要緊的是談美國人生活與理財方式。這方式，固然電影、影集等常常看到，但難免存疑，經過陳小青細筆，進一步確認這樣的狀態。對約翰的描繪非常立體，頗具小說氣味，要不要索取聯絡方式，我們讀到阿三的心理翹翹板，約翰也一定也有他的心情電梯。白種人與東方人的性格、民族性，值得玩味。

結語寫著，「雙方都不知下次何時見面……但這就是美國人的生活，阿三了解並且尊重，只是永遠也難以學會。他由衷慶幸自己是一介華人」。

「由衷慶幸自己是一介華人」用得很妙啊，「一介」似乎帶著點「貶意」，「華人」又提高位階，「由衷慶幸」是詼諧、是調侃，但「由衷」兩字又透著自豪。雖然僅僅只是一句話，卻點出了本書的靈魂，「一介華人」在美國，他繼承了華人社會的教育與薰陶，儘管大環境有諸多不善，但是人哪，不要忘記來處、不要菲薄根本，那些軟性的繼承經過提煉、提升，才能與剛硬的外在世界做出美好的平衡與融合。

　　恭賀陳小青出版書籍《遠三外傳：阿三的三》，她大方分享的華人故事，不單是打拼史、也是文化史，也是值得借鏡的現代版《菜根譚》。

2024 年 2 月 1 日

　　吳鈞堯，出生金門，曾任《幼獅文藝》主編，獲九歌出版社「年度小說獎」、五四文藝獎章、中山大學傑出校友等。《火殤世紀》獲文化部文學創作金鼎獎（小說）、《重慶潮汐》入圍台灣文學散文金典獎，以及《100 擊》、《遺神》、《學生》等。多次入選年度小說選、散文選、新詩選，近年回歸詩隊伍，出版《靜靜如霜》、《水裡的鐘》等詩集。

自序

文外

人在外。為趕會議，急忙將早應出版的文集送去出版社。遺憾序言草稿盡失，遂只將最須交代的幾句話拿來抵擋。餘言自在書中。

首先是書名《遠三外傳：阿三的三》。「遠三外傳」：指阿三遠在海外，遊子一枚、人生軼事而已；「阿三的三」：為書中第一篇題目，先將主人公呈上，免得以後大家認錯了人。

其次是主角的名字阿三。名字從簡，喻普通與隨常。主人公自己不願花腦細胞在起名上，作者亦然。

再次是阿三特點。他自認身正心良；且崇尚智慧，認定智慧須滲透在人生每個角落方可其樂融融，因此鬼點子不少。有一應鐵哥們兒，最實的是本棱。有妻女，增添不少人間瑣事與樂趣。

至於作者自己，無非是主人公的代言人而已。

本書大部分文稿來自【阿三在美】專欄。由衷感謝臺灣《人間福報》副刊，幾年前將千字小說專欄【阿三在美】賜予作者，從此有了阿三賴以生存

的一畝三分地、得以每兩週展示一次「口糧」。該
報以關懷人類福祉為宗旨，對人生對社會盡心盡責，
從而嚴管敘事主題，使得文中自有禁忌。如敘述不
涉政治、不涉批評、不涉職場、不涉負值因素；內
容須堅守善良、堅持原則；當然也須新創、不超字
數等。總之，促使作者進一步學會自律，受益良多。
此次集文，作者充實了一些文字、每篇字數由此多
在千字以上；亦將幾篇舊稿重新納入，以饗讀者。

由衷感謝凌鼎年先生，雖是文壇大咖、世界頂
級微型小說領軍人物，仍真誠帶徒，一再鼓勵、耐
心點撥、全面支持作者在微型小說方面的創作，這
次還親自為本書作序。極是感動與感激。作者與阿
三著實幸莫大焉！

由衷感謝臺灣著名作家吳鈞堯老師，曾逐篇逐
句耐心指導改進阿三文稿，在作者經營【阿三在美】
欄目上尤其傾注許多心血，在字數控制方面認真傳
經送寶，此次亦欣然作序。實乃作者與阿三的伯樂
是也。

凌先生與吳老師是作者與阿三的貴人。只有更
加努力，方才對得起如此兩位恩師的幫助與支持。

還有一人，亦應由衷感謝、卻又未必需要多謝。
此即作者的自家兄長、多才多藝能文善畫的陳光華
先生。作者自小受這位兄長呵護陪伴、在他胡編的

故事中長大。阿三所說的許多話，諸如「竅門滿地跑、看你找不找」；以及所知的許多常識，諸如唱歌換氣等等，均源於這位老兄。因此，在策劃出此文集之際，作者不能不想起這位兄長；尤其想起他曾擅長漫畫，而阿三正是漫畫式的人物。遂抄起話筒輸送了一通問話。雖已幾十年未再染指，兄長欣然同意製作插圖。僅一月有餘，所有文稿的漫畫配圖均已完工，且文圖默契、全然一體，令人感慨。趣在我筆名「文外」、他筆名「寒敘」（含蓄），當屬異曲同工。同音同轍同樂樂，不枉兄妹一場。

　　至此，說完了憋不住的幾句話，權以為序。

　　最後，極望讀者能從阿三人生中受到某些啟發、得到某些營養，哪怕只是會心一笑，作者也可代替阿三獲得滿足。

2024 年 2 月 1 日

陳小青，筆名文外。醫學與經濟學背景。留學前在國內高校任教多年。九十年代初留美，獲 MBA 學位。謀生於美國高校及醫衛系統，旅居首都華盛頓地區。早期曾活躍於海外中文網、任數個海外網絡雜誌編輯。北美華府華文作家協會第 12 屆會長（2018-2020）；《世界日報》華府記者；臺灣《人間福報》【阿三在美】小說專欄作家；美國華盛頓特區【文繫中華】編輯部創始人、首屆總編、現榮譽總編；吉林省《卡倫湖文學》編輯部總顧問等。曾獲美國《漢新文學》、世界微型小說大賽一等獎等重要獎項。近年著作有短篇小說集、系列性報導文集等。作品亦被收入海內外多部文集、刊於海內外多處報刊雜誌。

阿三的三

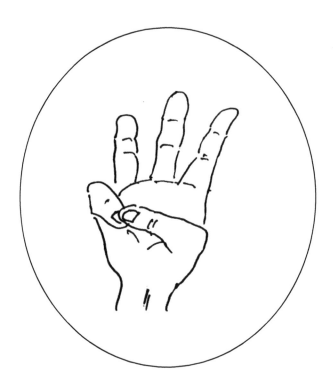

本棱與阿三結伴西行。途經某市，有兩位多年未見的共同好友住在此地，遂欣然前去拜訪。見面自然先去餐館搓一頓，以便認真聊聊。阿三熱鬧鬧地執意由他出錢，本棱自然支持；其他二位爭了半天，說不過這倆，只好服從。

酒酣耳熱之際，阿三醉意朦朧起來，對著名運動員老運一豎大拇指：「老運你老大！」再對身邊的高校教授老留說：「你老二！」最後一指自己的鼻尖：「所以我老三！」

老運將眉尖一挑：「我比你小好幾歲，怎會老大？」老留也一皺眉：「我比你們都大，該我老大不是？」

阿三一抱拳：「本三最佩服老運你這種人：尚不知是否能贏，先讓自己摔得鼻青臉腫、遍體鱗傷。日復一日地摔、毫不猶豫地摔。也就是說，尚未得到、先加倍付出，而且是不惜血淋淋地付出；且只為贏的可能、並非贏的肯定；尤其不顧退路上可能一無所有、甚至比一無所有還多了無數傷口，卻毫

不計較、毫不懼怕、毫不畏縮。」他放下筷子一抱拳：「所以你老大！」

老運不好意思地喃喃：「可我幸運，畢竟贏了。」

阿三眼一瞪：「可你起初並不知能贏；且不管能否贏，都只一門心思玩命，所以才贏、所以『幸運』才屬於你。真那些只有功利心的，怕一輩子也還贏不了呢！」

他又向老留一側頭：「年齡上你老大。可你是自己在國內過得平安舒適下、思變了，才決定出國深造；即使萬一深造不成，退回去再壞也是原來那平安舒適生活，並無損失、只是純進而已。所以，老大的位置咱還得歸老運，你說是吧？」

老留向老運投去敬佩的一瞥，心服口服地連說：「言之有理、言之有理啊！」但又有點疑惑地問阿三：「那我跟你情況差不多，怎的我是老二你倒不是？」

本棱忙插嘴：「年齡、學識、工資上，你都老二唄！」

阿三不屑地橫了本棱一眼，重又轉向老留：「即使生活已很舒適，你仍毫無惰性、勇於進取，屬『平地響雷』的人物，所以仍遠比我強。我是因

客觀所迫，只好硬了頭皮出國硬闖，乃不得已而爲之，所以甘拜下風，只能是老三。」

本棱反抗：「你是說我只能是老四？咱白手起家端盤子闖天下，怎就比你拿獎學金的學生貴族差了？」

阿三板臉：「瞧吧，你那也算『天下』？步步都在局勢逼迫下才努力，而且不思進取，到畢業也只混個學生工不是？」

「可我不也照樣畢業和留校？起點低，咱結果並不低！」

老留老運忙勸架道：「別爭別爭，二兄弟別爭！我們這第一第二的位置反正坐得有愧，還是應給這白手起家端盤子闖天下的……」

阿三眼又一瞪：「我看誰敢？已經便宜他了，還敢排在本三之前？」

本棱也忙阻止二人：「別別！您老大老二絕對沒的爭！」又向阿三一點頭：「你願當老三咱也不攔著！本人其實也不虧，——僅從名字上，你應已知咱老幾了罷！」

老留老運一臉思考，阿三滿面狐疑。

　　「『棱』，」本棱煞有介事：「是個多音字。既是棱角的棱，又是──」他以啓發小學生的架勢擡起右手，並露出期待的目光。

　　「讀『淩』，和淩晨的『淩』同音。」老留到底反應快。

　　老運若有所悟狀。阿三卻一臉的不以爲然。本棱未等他酸話出口，忙道：「著啊！發音同『零』。阿Q那畫不圓的『零』，正是本棱！」

　　接著他很和藹地問阿三：「知道撲克牌裏那個Ａ嗎？是最大，還是最小？比一大，還是比一小？」

　　那晚憤怒的阿三硬逼著本棱付了飯費加小費。

　　那天的夜車也只好都由本棱開。他不開也不行，因阿三早爛醉如泥，始終跌在酣睡之中。

　　即使在夢中，阿三也不服氣地倔強地時不時地喃喃一句：

　　「三比零大！」

阿三更名

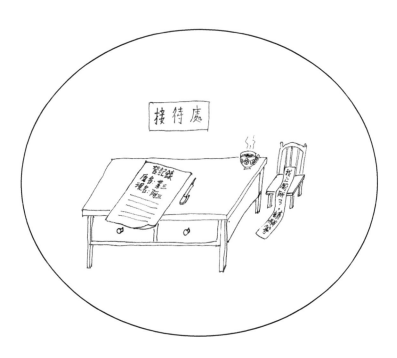

作為阿三最忠實的「死黨」，本棱時不時拿阿三開心。那天他在網上瀏覽，無意間發現「阿三」原是上海灘流傳至今對印度人的稱謂，起先叫「紅頭阿三」、後簡稱「阿三」。忙拽了幾個朋友前去打趣，興師問罪道：「聽說你阿三不喜歡印度人，可原來你自己就是。你怕是來臥底的吧？」

「瞧吧，又開始要無事生非！」阿三雙眼一瞪：「我怎知有人竟敢把印度人也叫『阿三』？再說，誰說本三不喜歡印度人了？你那叫種族歧視！在美國第一個信得過我給我工作的老板就是印度後裔，知道移民找第一個工作有多難嗎？我這感激還感激不過來呢！只是印度人太聰明；尤其印度女人，特別擅長『與人鬥、其樂無窮』，比如我現在的小老闆，偏偏也是印度籍，所以人家才能當上小老闆不是？可這關本三何事？什麼臥底不臥底，荒唐！」

等他長篇大論宣告結束，本棱才笑嘻嘻又質問道：「那你爲何叫阿三，啊？啊？好好交代！」一旁幾個朋友拍阿三腦殼捶阿三胸口七嘴八舌一起起哄：「對嘛，你是得交代交代！」

　　阿三竟一時張口結舌。大夥兒看一貫能言善辯的他此時竟啞口無言，不禁開懷大笑。本棱及時擺出煞有介事狀，認真地點著阿三的鼻子語重心長地說：「是啊阿三，教訓沈痛啊！以後起名可千萬要查查根底，起錯了可不好交代，太容易被人誤解當是壞人臥底了啊！」朋友乙笑：「改名改名，快點改名！」朋友丙很認真地獻計：「你不是《哈利•波特》迷嗎？我看叫個『哈三』不錯！」大家鬨笑：「改得好！」

　　阿三氣得沒輒，瞪了半天眼，才突然迸出一句：「你們喳喳個啥？本三坐不改姓、行不更名，就這麼叫定了！」

　　丙在旁撲哧一笑：「阿三啊阿三！說是不改名不動姓，那你幹嗎又要叫個『本三』？豈不大有與趙本三攀親戚套近乎之嫌？」大夥又是一陣鬨堂大笑，七嘴八舌亂叫：「就是就是，還忘了這一茬了呢！」、「大概想當趙本三第二吧你！」……

　　阿三反倒平靜下來，斜眼看著手舞足蹈的大家夥兒狂歡夠了，才冷冷地說：「行啊，本三今兒個又是紅頭又是第二，還有什麼其他美名，統統都戴上來好了，本三一概接著！」

　　朋友丁笑得直打嗝：「我……我看你，還是叫個葛……葛良吧！」本棱忙接：「這是什麼說頭？」

21

丁答：「這還看不出？葛優的弟弟唄！」朋友甲大叫：「著啊！阿三本來長得就像葛優，尤其那滿臉的莫衷一是，滿世界再找不出第三個來！」本棱恍然大悟：「只可惜能耐不如人家，所以叫個『葛良』也不冤了你！」大家又是一通轟笑。

那天阿三索性開了兩瓶酒犒勞大家，自稱是「登上了寶座」、因為「貴冠頂頂、漸成皇冠」。眾人很久沒有如此開懷，全都一醉方休。

且自那天起，大家對著阿三用各種名字亂叫，「阿三」本名竟荒了很久。

且不知怎的，一來二去，大夥兒竟有了「滿地阿三」的感覺。

（刪減版刊於 2020 年 3 月 26 日《人間福報 [副刊]》）

阿三的存錢罐

友人的小女兒愛吃瓜子愛吃零食愛花錢，每週零花錢如滴水入火，到手便立即消失無蹤。

友人諄諄教導語重心長苦口婆心，百般無效，無奈前來求助阿三。

「瞧我的！」阿三說。遂請人幫忙做了個存錢罐，米老鼠狀，嘴始終張著等錢。投幣進去便將嘴合一下發出吞嚥之聲，每每還吐出兩個感嘆字兒，或「謝謝！」，或「還要！」，或「沒飽！」，或「加油！」，或「多點！」，或「還餓！」，或「再加！」……女孩兒愛不釋手。

阿三只在第一天讓女孩兒捧著那存錢罐玩了個夠，卻當晚又要沒收，說「等妳發錢了再給妳。」女孩兒嚷：「發了錢也沒剩的可以塞進去，不如給我當玩具就是！」友人接茬對女兒吼：「想得美！當玩具就得投錢進去，不然不給玩！」女孩兒頂撞道：「錢得買吃的，哪夠投幣！」友人得意一笑：「就是！你那點零花錢，買吃的就不能投幣、投幣就不能買吃的：自己決定去！」

女孩兒沮喪，對那存錢罐兒依依不捨。阿三在一旁笑道：「怕沒那麼嚴重，等你發錢了咱再說！」仍毫不留情將罐拎走。

週末女孩兒從父親處獲得零花錢十美刀。阿三直接把她帶到超市，挑選七種不同零食，每樣不足一元、卻用一元去細細地找，剩下一把小型硬幣。女孩兒還想再買其他，阿三一口拒絕：「不成！每週七天、每天一樣，一共七樣；多買一樣的話，有一天就要多吃一種、那對其他六天不公；而且這週多了，就對其他週也不公平。你總想成爲好孩子，總不願成爲欺負人的不公平的大壞蛋吧？」女孩兒於是心服口服當了好孩子。

到家，阿三將存錢罐取出。女孩兒早已迫不及待地玩遊戲機般將硬幣一個個投入，仔細聽其吞嚥、感嘆、歡呼與鼓勵，不亦樂乎。阿三讓女孩兒最後將數個硬幣一起投入，米老鼠竟會歡快地嘎嘎笑著大叫：「飽了飽了！」一老一小一起被逗得大樂。

小女孩兒依例行事，每週能買好吃的、還能有好玩的，從此格外盼週末。

到年底，她竟然存出了一滿罐兒沈甸甸的硬幣來。女孩兒正興高采烈要拿去再買零食，被阿三止住，說：「瞧吧，你這又等於是對一年內其他日子的不公平、不尊重，就又不是好孩子了，而壞孩子

在聖誕節日是不會得到聖誕老爺爺的禮物的，對不對？」

　　於是帶女孩兒一起去銀行，給女孩兒開了個小小戶頭。

　　小傢夥歡天喜地，並且從此學會了存錢、還學會了計劃。吃零食的習慣雖然並未克服，卻興趣漸漸減了下去。

　　『注：此存錢罐的鬼點子乃屬阿三專利，任何人不得擅自剽竊。有意與阿三合夥開發者，請洽電話１２３４５、門牌６７８９０』

（刪減版刊於 2020 年 1 月 2 日《人間福報 [副刊]》）

鄰家小兒很聰明

每日郵件很多，阿三處理得頭痛。那天便找出個大紙箱，從此將每天收到的郵件盡情丟入，打算有朝一日一總收拾。半年後報稅，方發覺那個紙箱已成垃圾箱，費九牛二虎之力花了兩週時間「日理萬機」般地勞作，才找出與報稅有關的函件。

無獨有偶。備用鑰匙有用，阿三從來捨不得丟掉，又不願收拾，便很聰明地將所有鑰匙全放在一處，謂之「天晴防下雨」。誰知那天真的「下雨」將車匙丟了，阿三忙去翻這「聚寶盆」，卻在幾百把新與舊、生鏽不生鏽、能用不能用的備用鑰匙的「大海」裡，無論如何找不出那根「針」來。尚未來得及亡羊補牢，房門鑰匙又掉進了下水道，這下連房間都打不開，藏在房間裡的備用鑰匙自然更是百無一用。阿三那次找人幫忙撬開門後做的第一事，便是把所有備用鑰匙全理了一遍，並將最重要的鑰匙改在院子裏藏起來，才覺得多少有點高枕無憂。

一來二去，阿三慢慢總結出了個教訓，於是很想到哪兒去賣弄一番。

「瞧我的！」他喃喃自語道。

　　那天阿三在後院燒烤，一熱心，索性將鄰居全家呼了來。

　　鄰家小兒六七歲，自來到阿三的家，每次進出後門總不關紗門。阿三說他第一次，似未聽見；第二次，也只看了看阿三，沒理；第三次，阿三耐心地解釋道：「請把紗門關上好嗎？這樣蟲子不會進屋，晚上就不會挨蚊子咬、點心也不會有螞蟻爬。」

　　小傢夥頭也不回斬釘截鐵地答：「蟲子進屋，打藥就行！我家就是這麼做的。」

　　阿三一楞，停了一會兒，才很虛心很小心地問：「怎麼打？」

　　「去 HomeDepot 買藥唄，噴噴就行。」

　　「HomeDepot，要開車去的吧？」

　　「當然，十五分鐘就到。」

　　「得挑選看用哪種牌子的，對嗎？」

　　「當然，分好幾樣呢。你得看說明。」

　　「那麼多事，怎麼記得住？」

　　「我全告訴你得了！」小傢夥不屑地撇撇嘴：「開車去，挑牌子，買噴的那種，交錢，再開回家，

噴，『撲撲』兩下，蟲子不就全死了？不就那點事嗎？你還沒我知道的多呢！」

　　真是天才的小傢夥！可阿三還是想澄清點事實：「瞧吧，你還要先掙錢才能買對不對？打藥前還要看說明才操作、打藥時還得蓋上食品，對不對？」

　　「都對。」小傢夥徹底不耐煩起來，可還是補充了一句：「打完藥還得開窗放氣。」

　　「而且蓋食品的東西噴完藥以後還得趕緊扔掉。」阿三不甘示弱，趕緊也補充。

　　那小兒教了徒弟便很自得，挺起小胸脯高興地端了滿盤烤肉向房裏走，有意將紗門大大地敞開著。

　　阿三從後邊小心翼翼叫住了他：「可以再請教一個問題嗎？」

　　他不耐煩地高傲地轉過頭：「問吧！」

　　「瞧吧，我想知道的是，究竟開車挑藥付錢買藥開車回家蓋東西關窗打藥再開窗放氣扔了蓋東西的東西方便呢？」阿三大喘了一口氣，才接著問道：「還是順手關上紗門更容易？」

　　小傢夥楞了一下，眼眨眨，然後象看怪物一樣盯了阿三一會兒。之後咧咧缺了顆門牙的嘴，頭一低一反手，將紗門從身後嚴嚴地關上了。

　　阿三老天八地兒，直到此時，才勉強有贏了這小兒之感。

　　「有事勿延、即時做完」，這就是阿三得出的教訓。郵件、鑰匙、紗門之類都是如此。不然古人也就不會有「明日復明日」那類的長嘆了。

　　所以他現在總是及時區分與處理信件、或當即給備用鑰匙貼上標籤。

　　「吃一塹、長一智。鄰家小兒很聰明，阿三我沒他聰明，只是教訓多了那麼一點點。」事後阿三謙虛地說。

（刪減版刊於 2020 年 1 月 16 日《人間福報［副刊］》）

美国甜食
vs 中国早餐

阿三與本棱素來見面必吵，那次卻少有地聊了個融洽。

先是本棱給阿三去了一電：「大好消息：『巨人』超市輪流降價的食品，本週輪到名牌早餐小面餅，僅９９美分一盒、為平時四分之一價格！」遂催阿三快去購買。

阿三開玩笑道：「是啊，瞧吧，那東東正好可以當晚餐，再配上大蔥烤鴨之類，其實不錯！」

兩人心照不宣，同時大笑。

阿三譏笑地又說：「在國內，這種小餅哪頓都可上餐桌，可在美國卻只能當早點。美國人本來靈活自在不拘一格，怎麼在早點這個問題上，卻頑固得出奇、九牛拉不轉。煎蛋、麥圈、華夫餅之類絕對都只能早上吃，自己給自己下套,何苦！」

本棱於是想起在美的第一個工作。當時很饞，遂將生脆香甜的麥圈收在抽屜裏當零食。一日老板匆匆來上班，上午十點一對一開會時，滿面淒慘地提及自己尚未來及用早餐、餓得發昏。本棱趕忙獻殷勤，匆匆返回自己辦公室將一盒新的麥圈貢獻了去。對方一見，卻眉頭一皺臉一陰，很快又轉為滿

面困惑，勉強問道：「那⋯⋯有牛奶嗎？」本棱大窘，方想起這玩意兒在美國不僅必須當早點，而且必須配牛奶，還必須得是配冰牛奶，法律一般頑固、尤其絕對不可以亂了「頓份」。

拍馬拍到了馬腿上。

阿三也想起半年前，一美國同事突然滿面哀愁前來求助。原來其妻接受兩位中國小學生「交流學者」來家居住，一位十二歲、一位僅十歲。三個月合同本以為簡單，可才一星期過去，竟先已被早餐問題徹底難住。他一見阿三便大叫：「我們把能換的花樣幾乎全部換了一遍，可這哥倆兒任何早餐都不愛吃，快救救我們！」

阿三不慌不忙、沒鹽少醋地支了一招。才說了一句話，那可憐蟲便喜上眉稍，聳著高鼻梁裂著大闊嘴，歡天喜地匆匆離去，且從此再未煩過阿三。直到前兩週才趕來再找阿三，這次居然是眉開眼笑前來報喜：「那倆孩子的父母因孩子在美國吃得又白又胖，滿意之至！那哥倆兒嘛，回中國後竟口口聲聲說是『在美國最好吃的是早點』！」對阿三除了感激便是感謝。

對著本棱敘述到此，阿三故弄玄虛地問：「瞧吧，能猜出咱支給他的是哪一招？」未等本棱開口，已難忍難耐地得意洋洋自答道：「本三根本沒讓他

繼續使用美國正宗早點，只是叫他『用美國當地晚餐後的甜點，改當早餐即可！』你猜怎麼著？一句真言，解人千愁！」

本棱對此興致盎然：「這詭計倒不錯，虧你能想得出來！」

「你不是也覺得美國飯菜無可恭維？說只有這餐後甜點，實在是花樣翻新層出不窮、色香味俱全美不勝收？」

本棱一叠聲地贊成道：「而且做法很『化學程式化』，簡單易學：幾茶匙幾盎司先稀後乾多少水份多少溫度，只要一絲不苟紋絲不差、嚴格按照『菜譜』去做，肯定人人成功。你棱嫂就是嚴格按照化學試驗的方式，已經學會了好幾種做法！」

阿三笑道：「就是！咱中國那種『鹽糖適量、醋幾滴、火候適中』之類的語言，在美國絕對只是天書系列！」

本棱只顧著按自己的思路往下說：「美國鬼子的蛋糕、水果派、花樣點心，精緻精美到幾可與咱國人的宮廷小點相媲美，只可惜過肥過甜也太膩，總是需要大量奶類、黃油、尤其那糖。那糖至少為咱國人的三到四倍，太扎牙，顯得倍兒俗！」

　　阿三也道：「瞧吧，所以美國東東永遠不成咱宮廷對手不是？美國大眾被長年高糖刺激慣了，反倒抱怨東方點心淡而無味。想來也是，只有孩子才喜歡高糖。而這美國『鬼子』個個童心十足、孩子氣十足，永遠也長不大、本就是孩童級別，自然也就喜歡高糖、自然也就把咱東方娃兒們的甜膩早點，一本正經當成了正餐大餐的壓軸戲。反之亦然，他那甜點，也就正好是咱中國娃兒的上好早餐。」

　　本棱於是嘆：「唉——，這美國，怎麼著也還是沒文化，沒吃的文化！」

　　阿三沈默了一會兒，突然也長嘆一聲：「唉——，盡管那些家夥終於開竅、以為發現了咱中國早點的『真諦』，其實咱心裏最懷念的，卻還只是那一式兩樣簡單食品：鹹菜稀飯，亦或豆漿油條。這種早餐咱對美國佬形容過，人家卻始終百思不得其解。瞧吧，還是因為人家沒文化的錯，可憐！」

　　本棱這時頗有點流哈拉子：「鹹菜稀飯？饞咱不是？千萬別提！其實見網上好多人也都有同感。可惜如此簡單之物，在異國他鄉竟楞是難以實現。如今著實懷念國內那小日子！」

　　阿三也嘆：「是啊，真懷念！懷念那一大家子人圍坐在同一個小桌子周圍，幾個小菜一只碗，雙

手捧著，一起稀裏呼嚕喝、喀崩喀崩嚼、海闊天空聊、吐沫星子飛的日子！」

本棱心裏有點酸：「什麼叫文化，那就是文化！可那好日子，再也沒嘍！」

「別別，哪那麼悲慘！」阿三笑道：「瞧我的！這週六帶你去華盛頓特區邊上一個中國店，那裏有豆漿油條，也多少可以過過癮！」

「華盛頓特區？可那得開上一倆小時的車不是？」本棱有點望而生畏，卻很快回過味來，喜道：「當真有豆漿油條？」

「當真！」

「那可真得去！咱接著聊聊倆國的早餐，肯定開胃！」

倆人都咧著大嘴傻笑起來。

倆人那晚的夢，就著咱中華的百味珍饈，自然也都比平時的香，哈拉子流了一炕——如果有炕的話。

（刪減版刊於 2020 年 2 月 13 日《人間福報 [副刊]》）

口罩聚會

疫情下華人的很多活動只好改期或取消。本棱的生日派對也改成了微信電話的「新型聚會」。好在微信電話能讓無論多遠的老友，都可以前來「團聚」湊湊熱鬧。

中午阿三用微信給眾人同時撥去電話。大家依次上了來。

阿丁首先嘆道：「我們加州比你們東部晚，這才早上 9 點。可我 6 點已起身，連跑了好幾個店找口罩，到處買不到，急人！」

阿乙忙說：「買了也別戴，這是在美國啊！沒聽說有人戴口罩都挨打了？歧視咱！」

本棱也說：「是啊，這裏和國內不一樣，買不到也別心焦。千萬不要戴口罩上街。」

阿甲說：「阿乙你那是謠言！我剛從華人超市回來，售貨員都戴，也沒見誰挨打。」

阿丙嚷道：「還是別戴！前年我患腎炎，醫生見我戴口罩非常生氣，我說是體虛抵抗力低怕被別人傳染上，他仍不依不饒非要我摘下。美國是不能在外戴口罩的，這和歧視無關。」

本棱說：「地區不同文化各異。我朋友剛從臺灣回來，那裡疫情沒大陸嚴重，但出門必須戴口罩，目的是讓別人安心。美國呢？戴了口罩反讓人不安心了，所以他一入境就得立即摘了。」

阿甲若有所思：「售貨員違背了美國民俗？但暴露在外，還是戴了才安全。但願他們都能買到口罩。」

阿丙嘆：「怕買不到了！所有華人都在捐款，我們校友會的收到捐款之後第一件事就是衝到市場上，把所有能淘到的口罩都買回來，再用國際快遞直接寄回給中國。在美國不戴不要緊，國內卻必須得戴，因為不是裝樣子，是真的為保命啊！」「是啊，我也捐錢了。」「捐了幾個社團，好幾百刀呢。」大家一陣亂嚷。

阿丁提高聲音道：「捐款為公沒錯，可也不能不為私啊！比如我 90 高齡的老媽，哪弄口罩去？」他接著發感慨道：「幸我好友幫忙。小區封鎖、進出要層層批準，又沒人敢去郵局，他竟親自開車兩小時直接給我媽送去了 5 個。真比雪中送炭更珍貴！」

大家慨嘆。阿三卻哈哈一笑：「患難見真情，總算有人沒忘了根本。」

阿丁佯怒：「你是說我忘了根本？」

　　阿三調轉話頭：「今天本棱生日，可誰祝他生日快樂了？這還不是忘了根本？」

　　阿丁擡杠：「口罩就是當前的根本。」阿甲大聲說：「不對，防疫才是根本！」

　　阿三卻說：「可惜防疫也不算。只有保持身體健康、提高抵抗力，才是真根本。」

　　阿乙問：「那怎麼保持健康？」

　　阿三答：「簡單。兩條。首先是從微信上撤下來，每天鍛煉。」

　　大家齊問：「那第二條呢？」

　　「吃好的啊！對了你們等著，瞧我的！但你們要馬上改為視頻。」他叮囑完了便突然退下，而且很快果然換上了視頻。大家心中好奇，於是也紛紛改用微信視頻重新登陸。可視頻中居然看到的也不是阿三、而是條特大的熱氣騰騰的清蒸魚。接著趁著大家吞咽口水的當兒，魚消失了，阿三的臉重新換了上來。只見他語重心長地說道：「瞧吧，咱們還是搞視頻聚餐才更合適，不要再搞這種口罩聚會啦！我鄭重建議今天琢磨好吃的，明天用視頻全擺出來，既健康又無須口罩，算是爲人家本棱補過生日。想必你們現在也都餓了吧？散了吧散了吧，明天咱搞個真派對！」

「那今天這又算什麼呢？」阿乙沒回過味兒來。

「口罩聚會唄！」其他所有人異口同聲。

（刪減版刊於 2020 年 2 月 27 日《人間福報［副刊］》）

徵求意見

阿三常爲某件事向本棱徵求意見，可每當本棱提出自己的想法，他卻總會從中挑出各種各樣的毛病來，再進行認真的一一的反駁與否定，直到他自己的意見得到成立。

久而久之，本棱自然不再耐煩。故某日阿三再來如此這般一番循環，本棱不由怒道：「既然你已有了自己的主意，何苦再來折磨我！」

「瞧吧，」阿三一如既往既耐心又誠懇：「我是耽心自己的主意不對，才來徵求意見的嘛。咱這叫做虛心不是，難道也錯了？」

本棱憤怒道：「你這種徵求意見乃是假，不過是剛愎自用的翻版。所以所有人的意見一旦經過你的集中歸納與小結，肯定最後又變成了你自己的結論。」

阿三一時竟沈默起來，莫衷一是的臉顯得頗爲凝重。本棱耽心他再開口便會更不好對付，所以決心乘小勝也要大追擊，趁機也要好好發泄一通、以雪長年累月之憋屈：「你這種人咱見得多了。表面尊重人、似乎很真誠地徵求別人的意見，事實上卻從來聽不進任何反面意見。虛僞、霸道、驕橫、狂

妄、自以爲是、剛愎自用……總之，一點不比任何
暴君獨裁者強！」怒髮衝冠一口氣說到這裏，卻覺
得詞已用完，咽了口吐沫，自己先卡了殼，不知再
該怎麼辦。

　　阿三等了一會兒，見本棱仍無下文，才慢悠悠
從容地道：「徵求意見其實有兩種。第一種，是像
你說的暴君獨裁者那般剛愎自用、聽不進任何意見，
頂多是假裝徵求意見；且對有反對意見者，還會早
晚進行秋後算賬。可這第二種嘛，」他端架子似地
頓了頓，還從嗓子眼裏咳嗽了一聲，又說：「是有
主見但同時也謙虛、以確保自己的主意拿得對；所
以既不會隨便跟著不同意見走、又願拿別人的意見
當參照；發覺對方的想法更合理的話，便自然會採
納；可假如最終還是自己的意見對，那當然也只能
堅持自己的意見嘍。」

　　之後很真誠地問：「我以前也曾採用過大家的
意見，而你好幾次也都在場，難道忘記了？所以聽
不進、並且不肯采納任何反面意見一說，是錯誤的、
是對我的誤解。」

　　見本棱發了一下呆，似在回憶，阿三又肯定地
說：「所以，本三是屬於第二種人：是真誠徵求他
人意見、且當作參考參照的謙虛的、禮貌的、尊重
別人、傾聽別人的好人，大好人。只是我之前已經
反覆思考和考證，所以主意一般都已經拿得比別人

正、有了把握才去詢問。假如其他人的意見是錯的，我自然不能采納；假如其他人錯的概率多一些，便自然顯示的好像是我不肯采納別人的意見。但這是誤解，對也不對？」

然後他盯著本棱沈思的臉又補充道：「每次在問之前，我真的會從正反各個方面來做很多功課，以確保自己的意見是正確的。之後才去詢問他人的意見，以便當作鏡子看自己的意見是否經得住推敲、是否經得住各種口味的品嚐。」

本棱卻仍在自己的思路中，很是不服，脖子一梗：「可我怎麼不記得你採用過我的任何意見？」

阿三楞了一下，眉頭一揚似笑非笑：「是啊，對呀，我也奇怪，怎麼你的意見總是沒法採納呢？」頭向旁一歪：「可想想看，那又是誰的問題？難道是我阿三的問題嗎？」並及時來了個詭詭的響亮的得意的一笑。

得，本棱沒罵著他，倒把自己給繞了進去！

只聽阿三在那邊十分誠懇地又問了一句：

「還有意見嗎？」

（刪減版刊於2020年2月13日《人間福報［副刊］》）

生機

疫情下，大家堅持每晚 8 點 30 分進行定時微信通話，美其名曰「晚間微話聚會」，使得閉門躲疫的日子仍能輕鬆一些。後來改為以 ZOOM 視頻，雖然遺憾免費使用的時間只有 40 分鐘，但仍是極受歡迎。

組織者原是本棱，一天他卻突然失蹤。

於是阿三臨時接任。在 ZOOM 上他任憑大家猜疑本棱去向，卻不肯透露消息，只說「他挺好，別擔心」。

3 月 28 日晚上「聚會」開始，阿三一反平時的玩笑臉，神態嚴肅地說：「今天我沒心思聊天，在這裏要對各位說一件事情。這會涉及一系列大家都熟悉的日期和數字。煩請誰也不要插嘴。不然我馬上撤下，此會從此解散。」

大家都被驚住，果然鴉雀無聲。

「3 月 15 日，本地新冠患者是 0。

「3 月 18，本地區僅有 7 人得新肺或新冠。當日，一位快退休的女子前去做 B 超，確診乳上異常。

醫師打破常規，當機立斷與其家庭醫生聯繫，利用有人取消預約的機會，當即做了病理切片」

「真幸運，不然預約好幾天才能做切片！」阿乙小聲道。

阿甲將食指放在唇上：「噓！」

阿三沒接茬，神情嚴肅莊重。見所有人大氣不敢再出，才重新開口：

「可惜看來運氣快用完了。那天查出是癌。

3 月 19，家庭醫生親自幫忙，約好 23 日看外科專家醫生，並說腫瘤尚小、馬上手術就好。

預約的是 3 月 23，如期去看那位外科專家醫生。中年黑人女子，精明強幹，上來便斬釘截鐵地說：『手術的指望就別有了！剛接州府通知，今天下午 5 點起停止一切手術，全部手術室備用於新冠疫情。目前只能先服藥看可否能夠控制病情，並做 MRI 進一步檢查。』

遂預約藥理專科醫生，定在一週以後的 3 月 30 日前去就診，先開方拿藥服用再說。

並於 3 月 24 日去做 MRI 的進一步檢查。那裏的病人與醫護仍十分大意，幾乎無人使用酒精擦手或戴口罩，完全不像在疫情之中，。

　　當晚去電咨詢華人醫生，也建議馬上手術，既然本地不能做，那麼要麼去外州、要麼馬上回國，總之沖著手術，無論哪裏先做了再說。

　　可是，當時美國疫情已遍佈各州，眼見各州的手術室也都一一逐個關閉。怎麼辦？

　　唯一的唯一，只能回國進行。幸運的是，聯繫到的香港、上海的親友均立即表示沒有問題，只要能夠入境，隔離 14 天之後即可馬上安排手術。

　　此時卻發現她的美國護照還在銀行保險箱中，沒有護照哪兒也去不了。而銀行一週前已經關門。幸虧電話服務系統仍通，去電了解到只要提前預約，仍可前去辦理；也幸虧之前辦過十年多次出入境的簽證，不然完全沒有著落。

　　3 月 25 日，經預約一早趕去銀行，終於取到護照。

　　外科醫生卻隨之來電，帶來了一個壞消息：MRI 結果，顯示她同側另有一個可疑腫塊，建議仍立即去做切片、以決定手術的大小。當問及切片後是否有望很快手術？回答仍是：『仍別指望！』

　　放下電話正接到香港親友的來函：港府當日剛下新令，即日起全面禁止非港人員入境！

此時只能全力搶購赴滬機票、而且不要經由任何疫情嚴重的地區、或隨時有可能要求隔離的機場。網上、電話、微信、電郵全面進展，夫妻倆全神貫注每秒鐘都忙碌在屏幕電話之間。可就像前兩天聯繫其他州的手術室一樣，票像中了魔法，就在他们的眼前一一轉瞬售罄。午夜終於搶到經紐約和荷蘭的機票，票價高於平時的 5 倍。那也只能咬牙買下，因那分明已是唯一的或最後的活路。

可第二天，3 月 26 日，中國官方也正式宣佈：即日起不允許所有非中國公民入境！」

「怎麼總那麼巧，不公平！」阿乙大嚷。

「Shutup！」阿丁怒吼。

阿三神情黯然：

「遇上了最不尋常的幾日，每天全世界各處關門的速度驚人、情況瞬息萬變。又有什麼辦法？好在還來得及退票。這表面看來是好消息的消息，卻象征著一個最壞的消息：連唯一的最後的一線希望，終於也破滅了。

3 月 27 日，她突然食欲猛增、食量倍長，體重卻同時突然以每天一到兩磅的速度急降。必須急著外出補充食品尤其蛋白質。可是貨物奇缺、各店

嚴格限購，頂著疫情風險前後跑了三個店才買到只夠一週的肉菜，雞蛋牛奶都早已買不到了。

3月28日，今天。全美新冠12.5萬。街上仍不少美國人閒逛、基本沒戴口罩。仍買不到足夠的食品。

我說完了！」

阿三嘎然而止。

所有人一時無言。沈默如同黑夜壓得人透不過氣。

阿丙突開口問道：「阿三你說的是誰？」

阿乙也喃喃：「這不是處處坑人？」

阿丁不信：「怎會有那麼多不巧？」

阿甲突然一拍腦袋：「我知道了，是咱本棱家的棱嫂？」

阿丙聽到馬上叫了起來：「可我們願意幫忙啊，我家有很多雞蛋！」

大家亂嚷：「究竟是誰？是不是棱嫂？我們也可以送食品過去！」

　　阿三煩道：「瞧吧，我已保證不透露出去。疫情下人家不想連累大家，請勿再猜。人家不要幫忙也暫時不想接觸人，只想安靜。」

　　阿乙不解：「這種時刻還不要大家幫忙，安靜幹嘛？」

　　阿甲嘆道：「尋找生機。」

　　阿丙接道：「等待生機。」

　　「是的，只為生機！」阿三說道。

　　（刪減版刊於 2020 年 4 月 9 日《人間福報 [副刊]》）

「做完作業再去玩」

疫情一來，大家都被堵在家裏工作。美國人不習慣，阿三倒高興。一來美國人被迫不再隨意外出，則既不易被傳染、更不會傳染人，好事！且對阿三來說，在家工作還另有好處：能在百忙之餘幹點私事。比如今天他便一直在自家銀行賬戶間溜達、查查賬目。。

遺憾的是這一查不要緊，猛見自家賬戶銀子劇減，不由心中「咯噔」一下。想了想，想起來是上個月報稅之後，需繳納的稅款已被扣除，不由多少有些失落。政府機構幹別的慢，扣錢倒是從來「迅雷不及掩耳」。眼下修車暨須繳付的那一千三百刀，看來得另想辦法。

說起來正好剛報了稅便碰上修車，也算倒霉。不過也是自己當老實人積極報稅的結果。「早知道的話，今年就不提前報稅了！」他嘟囔道。因為剛剛得到消息，說政府已將報稅期從常規的 4 月 15 日延長到了 7 月 15，疫情使然，史無前例。本也無大礙，但遲些扣稅，那點銀子便可以先交修車費，畢竟少些銀子壓力。

　　誰叫自己是華人呢？從小被國人教育出來的「好孩子」，天生知道要「做完作業再去玩」，久而久之形成有事先完成的習慣，不然連做夢都得惦著。

　　阿三正在自責自己的患得患失，忽聽「叮」的一聲響，原來是有新電郵進來。見到居然是新項目已被批準的通知，而該項目收入可供自己領導下的本科室在半年內都將有活做、有飯吃，阿三不由大喜過望。經濟如此蕭條下，得此消息著實激動人心。事不宜遲刻不容緩，得抓住良機立即行動、趕緊組建一個高效班底。

　　先給編程高手傑克去電。沒想到人家正要出門：「抱歉我得馬上先去銀行，那裏現在靠預約才能進。半小時內必須到，我得去取利息表。」

　　「用於報稅？」

　　「對，就等它呢。」

　　「近來還有其他非做不可的事嗎？」

　　「人口調查表啊。已經晚了，得趕緊補填。」

　　阿三暗自搖頭：真是個不到最後一秒不做事的主兒。他索性直言：「瞧吧，傑克，我這有個能忙

至少半年的大遊戲，玩不？」他總把做項目稱作「玩遊戲」，同事中這也早已成了流行詞。

「真的？當然！千萬加我一起玩。」傑克非常激動：「那銀行我不去了，反正剛聽說報稅可以推遲到七月中旬；人口表也……」

「不行。要一起玩你就必須得聽我的。」

「行，你說！」

「你儘快去銀行、填稅表和人口調查表。下午6點前完成行不？」

傑克立答：「我拼全力，肯定行！」啪地一聲他已掛了電話。

看了看日曆上「4月15」幾個大字，阿三給最得力的業務能手凱西發了條短信：「在填稅表吧？要我幫忙計算嗎？」他知道凱西是典型的保守派美國人，報稅上有幾大特點：一是喜歡最後一秒鐘填稅表，二是即使用計算器也算不清賬目，三是不喜歡網上報稅，四是頗有些孤陋寡聞。

凱西閃電式回覆：「太好了，正發愁！」

「行。妳報數，我加減。」幸虧遠程，免去了窺探隱私之嫌：「瞧吧，稅表填完還有好消息告訴妳。」

「先說不行嗎？」凱西興頭頓起。阿三並不理睬。

有阿三幫忙自然神速，稅表很快填完，凱西開心極了：「今天郵局開到午夜，我這就去寄。」

阿三哭笑不得。仍把 4 月 15 當鐵律？殊不知世界早已不是原來的模樣。「感謝稅務局吧妳！報稅已延到 7 月中旬，疫情好些再寄出去也來得及。」他笑說。

凱西反而有些失望：「這就是你的好消息？早說啊，讓我這會兒瞎忙。等 7 月報稅該多好。」

「瞧吧，這個可不算好消息。真正的好消息，是我申請的那個大項目批下來了，夠玩一陣子。妳參加不？」

「當然參加！」凱西喜出望外，卻更遺憾：「剛才真不該浪費時間填稅表！」

唉──，有些文化著實根深蒂固。但阿三不想爭執。

一圈電話下來，他讓新組起的工作小分隊裏的所有成員，都在晚上 6 點之前忙得腳不沾地，完成了幾乎所有原本企圖拖延的雜事。

晚 6 點的電話會議很成功，對於如何來把玩那場新到手的大「遊戲」，人人全神貫註，不再有人抱怨、更無人請假。

散會了。阿三撂下話筒，把腿翹到桌子上，呷了一口清茶：「雖然讓這些『外國人』背〈明日歌〉不易，但引導他們學會『做完作業再去玩』嘛，還是有希望的！」

是啊，中華文化博大精深，是到了該好好教教他們的時候了！

他的目光又折向桌子上修車的那個賬單：「不就是和扣稅同時進行的小作業嗎？即使小也得先做完，之後再去玩我那大遊戲！」一伸手，他從抽屜中取出了支票本。

（刪減版刊於 2020 年 4 月 23 日《人間福報 [副刊]》）

倒行逆施

本棱那段時間樣樣不順：找了個好老師教京劇，嗓子沒吊幾天便啞了；妻子受閨蜜慫恿，天天上街買鞋，連飯也不做銀庫也快見底了；需要安靜環境寫論文時，處於反叛期的 teenager 外甥突然對卡拉 OK 感起了興趣，每天到他家鬼哭狼嚎⋯⋯

本棱苦不堪言，直奔阿三家而來。

「行，瞧我的！」阿三止住了他啞著嗓子的一連串控訴，問：「先說唱歌的事。你採取了什麼措施不讓嗓子啞了嗎？」

「醫生沒轍，只說多喝水。我喝了胖大海、喝了人家家傳的梨子蜂蜜祕方，沒用。含糖塊、含冰塊、含清涼潤喉片、揉嗓子，總之統統沒用。」

「所有你能想起來的都試了？」

「對，連朋友能想起來的也都試了。」

「你跟老師請求，批准少吊點嗓子了嗎？」

「那可不成，這次請來的老師那可是名人！」本棱回答得載釘截鐵。

　　阿三無奈地搖了搖頭，接著問道：「那，你也試了所有的辦法，不讓嫂子上街買鞋、不讓你外甥瞎嚎了，對嗎？」

　　「當然了！可也同樣統統無效。現在我是要事業沒事業、要生活沒生活、要尊嚴沒尊嚴，徹底完蛋了，你可得救我！」

　　「行，瞧我的！」阿三輕描淡寫：「好辦得很。只要用我的獨家祕方、四個字：『倒行逆施』！」看著本棱不解又渴望的雙眼，他耐心地解釋道：「就是反其道而行之嘛。第一，先說嗓子的事。既然你是吊嗓子拉高音啞的，那就再用你最低的音調，唱幾分鐘你力所能及的低音的曲調。第二，關於弟妹買鞋的事嘛，既然你不希望她出門和購鞋，那就和你自己背道而馳，你就豁出來天天陪她上街，到最貴的店買最時髦的鞋，歡天喜地流水般花錢，沒達到她高興的程度就別停止。最後，至於你外甥嘛，你不是最討厭他來你家吼叫嗎？」阿三不懷好意地一笑，接著在本棱面前只動嘴脣卻毫無聲息地說了幾句話。見本棱一臉懵懂壓根沒理解，便很沒意思地一笑，索性說開說明白點：「瞧吧，從今天起，你滿腔熱情一肚子真誠地專門把他招來，天天陪他唱歌，但你只管像我剛才一樣、只動嘴皮子絕不出聲，他唱多久你就鼓搗多久；還有，但凡和他說話，

你也都必須只動嘴皮子不出聲，不管他懂沒懂，講完轉身就走。」

「你這不是要坑我吧？」本棱臨走時滿腹狐疑。

一週後本棱再次直撲阿三的門，萬分驚喜一連串地叫道：「奇效真是奇效！」果然已經不啞，清亮的嗓子聲震八方：「我老婆連續三天不出去買鞋了，嫌我買的太貴還叫我退呢！我外甥對人說我被他吵出神經病，也不敢再來玩卡拉 OK 了。大獲全勝！」

之後疑惑地問阿三：「要說對付我老婆和我外甥，那些方法我還能懂，可是治啞嗓的祕方你又是咋搞到的？」

「咦？不是告訴你了嗎，就是『倒行逆施』嘛！其他辦法都無效時，不按牌理出牌就是最好的辦法、也就是我老人家的祕方。這樣往往可以殊途同歸、收到奇效。舉一反三，用在治療嗓子的話，這一秘方自然也應奏效，看來如今果然被你證實。」

本棱擺出一副思考的架勢：「原來一切相反就行。」

「錯！」阿三急忙更正道：「不是一切相反、所有都搞什麼逆行，這等於和自己和別人都過不去。

不按牌理出牌不等於不順著規律走。只須在正向思維無效時，打破束縛反向思維一下就是了。」

　　本棱敬佩：「這些反常思維你咋琢磨出來的？」

　　「『反向』可不等於『反常』。這些大自然裏就有嘛，比如極寒中的冰，摸上去是燙而不是冷。『否定之否定』或『負負得正』等等也都是同理。」

　　本棱苦惱：「沒聽懂。總之沒法子時，對著幹就行唄！」

　　阿三一臉警惕：「絕不能樣樣對著幹。『過猶不及』、『欲速則不達』啊。」

　　本棱苦笑：「越聽越糊。我看咱還是乖乖按照牌理出牌吧，既然沒有金剛鑽、咱不攬瓷器活了就是。而且但凡真的要『倒行逆施』時，來找你不就得了？」

　　看著他溜走，阿三除了搖頭，還是搖頭。

　　（刪減版刊於 2020 年 5 月 7 日《人間福報[副刊]》）

練武防身

阿三的女兒小甜逐漸長大、逐漸有了反叛之意，那天突然對本棱說：「我爸其實最虛偽！」

本棱一驚：「咋回事？」

小丫頭一臉嚴肅：「他只準州官放火不許百姓點燈！」接著出口成章數落起她爸的罪行來。

阿三走來倒也不制止，說：「控訴老爸呢？接著來。」

本棱怒道：「阿三你真不公平！小甜記點事你說是整黑材料，你自己倒總記著別人的事，口是心非不能以身作則，過份！而且現在還整天在整嫂子和小甜的黑材料，對不對？」

阿三很坦然：「對呀，咱喜歡收集每個人的材料，有癮！」

「可你卻不允許嫂子記？還有，小甜忘記付手機費，你竟然罰人家洗車剪草擦地？」

小甜嚷：「還不就是為了報復我？可當我把前男友的機票信用卡和手機給藏起來，他卻不允許，反倒說我是在報復！」

阿三一笑：「我的做法是要給妳一些懲罰、讓你接受教訓，並非報復。而妳做的那些事卻千真萬確是在報復。」

小甜向本棱嘴一撇：「瞧！我爸虛偽吧？」

阿三竟不急，笑咪咪地問：「瞧吧，說說妳為什麼和男朋友吹了？」

「那……那還不是因為他，」小甜一楞：「他，他的人品……竟然敢欺騙他媽和同學、欺負他妹，……他追我其實是……在用我辦身份……」她的聲音越來越小，頭也越來越低。

「這些是不是我幫你記下素材，再由你自己分析並得出的結論？」阿三又問。

「就……就算是唄。」他女兒將頭攬起，直視阿三：「老爸你到底要說什麼？」

阿三神情不無得意：「妳爸明察秋毫，記下素材，再毫無保留地轉交給你，由妳自己去做綜合判斷，而老爸並沒有將自己的意見強加給你，對吧？」

小甜若有所思，視線不準地盯住阿三的臉看。

阿三掉過頭來對準本棱：「所以你也最好免開尊口，別再胡亂插嘴。資料採集功能每人都有，但

67

採集了才有效；尤其據此做出正確判斷才最為重要，對不對？」

本棱呵斥道：「可那並不等於你自己可以報復、卻不讓小甜報復。」

阿三苦笑：「我那可不是報復！是她忘記繳納手機費，害得全家人的正常生活受到嚴重影響，理當受到懲罰。」轉頭問小甜：「我們不是以身作則過嗎？那次家長會上我們遲到了十分鐘，你說要罰，我們不是真的帶你去迪斯尼樂園玩了，我說過妳那是屬於報復了嗎？」

小甜不服：「我扣前男友的東西也是對他的懲罰，所以也不算報復。」

「報復是以打擊或懲罰的方式，對曾經給自己帶來挫折或不快的人發泄怨恨與不滿的一種行為。你這種做法對他客觀上也是一種懲罰不假，但你又明知這種教訓不會真正讓他改變、而你的本意正是發泄不滿，所以它更多的是屬於報復。報復確實會帶來教訓，但教訓卻不一定是為了報復。我不是因生妳氣而罰妳洗車，妳卻是因生前男友的氣才去扣東西，這可有著本質的區別。」

「憑什麼事情到你那就正確的，到別人那就不正確了？」小甜仍是不服：「那收集材料又有啥區別？怎麼你就正確、我就又錯了？」

「這是武器在誰手裡的事嘛。」阿三頓了一下，問：「知道少林寺嗎？知道少林寺的人為什麼練功嗎？」

本棱插嘴道：「知道，是為了防身。咱好人練武都是為了防身。」

「正確！收集資料和練武同理。收集的目的是什麼？為了害人那就是黑材料，絕對不可取。只有用於瞭解人性、預測行為、幫助決策，包括未雨綢繆的自我保護，才是正確的。」

小甜不服氣：「可你掌握了一切情況，不是更容易害人或報復人？」

阿三一擺手：「練武的人掌握了武功豈不更容易傷人？」

小甜不甘心：「可有的人那麼壞，憑什麼不可以報復以便教訓他一下？」

阿三一臉嚴肅：「就算教訓，也不必用報復的方式。懲罰可以，但永遠不要掉到報復的層次：這裏包括了全部的不同。練功意在護體強身，這應是全部的起點與終結。記住我的話，孩子！」

小甜卻一臉壞笑：「記住了你的話，就不再是孩子，所以我偏不記。」跳起身笑著跑了出去。

於是本棱和阿三一起煞有介事地搖頭。

（刪減版刊於 2020 年 5 月 21 日《人間福報［副刊］》）

另一種活法

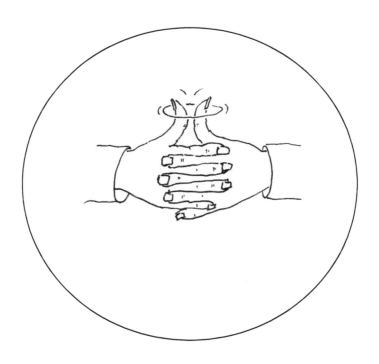

今年的母親節，辦公室裏阿三身邊幾位當母親的似乎都有些異常。

瘦瘦的朱蓮兩年來一直在鬧離婚、每天上班都向同事抱怨她的丈夫，最近卻突然安靜下來，且一下班便急急往家趕。胖胖的南希卻恰在此時開始了離婚過程，帶著孩子離開丈夫搬到了新的住處。

南希似乎生怕別人對她過於關心、會要她講自己的故事，所以率先對朱蓮的變化表示了十足的好奇，問道：「朱蓮妳夫妻倆現在終於和好了？」

朱蓮輕鬆地答道：「是啊，終於！有好長時間他的小老板在折騰他，工作不順心，心情不好，一回家就拿我和孩子撒氣，我倆天天吵架。他又不能辭職，不然只靠我一人工作，收入根本養不起一大房子倆小孩。現在他安靜了，總算好過多了。」

她的丈夫原是非洲來美留學的博士高材生，一畢業便找到了工作並留在了這裏。本是一位受人嫉妒羨慕恨的角色，今年卻一直不大得志。阿三深知有色人種在一些說不清的角度受到怎樣的待遇，所以並不驚訝，驚訝的倒是如今朱蓮的釋然，不由也問了一句：「妳是說妳先生換了工作對嗎？」

「沒換。目前不打算換了，但我倆也沒事了！」
朱蓮眉宇舒展：「所以我們才搬家。」

南希感覺有點糊塗，問：「沒換工作還搬家幹
嘛？

朱蓮笑：「有了解決辦法唄！」

「什麼辦法，快說說看，我也好借鑑！」南希
迫不及待。

阿三也豎起了耳朵。很久以來一直在開導朱蓮，
想讓她舒緩心境，但願會有作用。

「這可不是別人能借鑑得了的！」朱蓮頗爲自
得。

南希一臉的洗耳恭聽。

「先把大房子租出去，我去租便宜的公寓自住。
然後丈夫馬上去辭職、之後帶孩子去他父母家過一
年。待總統換了、戰爭結束了、經濟好轉了，再回
來找工作不遲。」朱蓮一口氣說道。

「你先生想辭職？」南希驚愕：「你剛剛不是
還說，只是你一人的工資養不起你們的房子和孩子
嗎？」

「是呀，所以才把大房子租出去、自己另租小房子住，這個差別就等於增加收入了。」

「妳是說，把你們的大房子出租之後，房租分兩份，一份你租小公寓住、另一份供你先生帶著你們的倆孩子去他父母家一起生活？」阿三有點擔心：「可那也不夠用吧！」

「那可太夠用了！」南希倒是徹底整明白了。見阿三反而一臉不解，便大聲指點道：「阿三你也不問她丈夫家在哪兒。那兒可便宜呢！」

阿三老老實實問朱蓮：「在哪兒？」

「埃塞俄比亞。」朱蓮答。

頓時一片沈寂。

阿三雖大感意外，心裏倒是冒了朵浪花：打算跨國處理？都說在美國若和老闆過不去就只能另謀高就，如今朱蓮夫妻倒發明了另一種活法。不由好奇地問：「你們怎麼會想出這麼個高明的主意？」

輪到朱蓮驚訝起來：「這不是阿三你說的嗎？你說假如有些問題解決不了，那就索性冷卻一下，或者『回避鋒芒』不要迎面而上、要繞著走，還說『車子到了山坡前肯定就發現公路了。』

　　阿三知道指的是「車到山前必有路」，卻想不起來何時如此「教導」過她。可人家學生倒是記得，頗令人意外，雖也應在意料之中。

　　朱蓮繼續說道：「不過我先生也有功勞。我向他轉述了你的話之後，他馬上一拍腦袋，這主意於是立即憑空出世，而且我倆一拍即合。他的父母也高興得不得了，倆孩子出生到今天還沒見過他們的爺爺奶奶呢。總之，定會皆大歡喜。下個星期母親節之前，我先生就會辭職。」

　　起初阿三和南希都以為朱蓮只是說說而已。

　　殊不知母親節那個週末，朱蓮真的請了假，送她的丈夫和孩子去了埃塞俄比亞。

　　（刪減版刊於2020年6月4日《人間福報［副刊］》）

放長綫釣大魚

本地有個久負盛名、藏龍臥虎的華人沙龍「龍」，據說人人博學多才、個個謙恭有禮、沒人追求功利，吸引了阿三很久。終於有機會前去聽了一次講座，主題是世界宗教與西方哲學，講者是沙龍創始人之一趙丙。阿三回來更是讚不絕口。後來搞到趙丙的電郵，趕緊花心思寫了個敲門磚式的郵件寄去，態度極其誠懇熱情。然而一週後收到的回覆只有一行字：「我們成員靠內部介紹，不收你，以後也別試了。」

如此無禮，本棱嚴重抱打不平，衝過來找阿三。阿三正要出門辦事，二人一起轉身走出，邊等電梯，阿三邊不以為然地訓本棱：「這種拒絕很正常，何必緊張？」本棱更加氣憤，回道：「什麼時候你如此逆來順受愛憎不分了？為何如此低賤、願被人看輕，給咱們哥們兒丟臉？」

正說著，一個戴著反射藍色精光大墨鏡的蓬鬆小青年突然從身後衝過來，從他倆的正中直直穿過去，之後正擋在他倆前邊，電梯一到自然先擠了進去；下電梯時又從後邊擠向門口，還用胳膊使勁將本棱頂到了一邊，搞得本棱更加怒氣衝衝。阿三反

而大笑，用下巴向那小青年的背影撅了撅，問本棱道：「要是我阿三開沙龍，你說要不要讓此等時髦青年加入進來？」

本棱怒道：「當然不！他還企圖附庸風雅？整一粒老鼠屎，就是混進來我也要把他踢出去！」突然回過神來，盯住阿三：「可你當然不屬於這種人對不對？趙丙這麼對你肯定不應該！」

「可趙丙並不了解我，所以有可能看錯我，對不對？」

「他當然看錯你了！那你就更不應再想著進去，不然豈非自取其辱？」本棱警惕地看著阿三：「你不會是還想要加入他們那個社團吧！」

「為什麼不？他看錯我，我可不應該看錯他。而且別說他一人代替不了全體，就算是的話，他也確實是有那麼一兩把刷子的對吧？所以，憑什麼要因噎廢食？我得釣魚來『取食』才對，」阿三笑道：「何況這『食』還是一條如此的大魚。」

阿三很快向兩個華人文化社團推薦趙丙和其他「龍」成員前去演講。演講當然又是極受歡迎，且大大提高了兩個社團的水平和聲譽。他又向一些出色的華人宣傳了「龍」沙龍，使他們也紛紛去參加「龍」沙龍的對外活動並有所互動，雙方受益。如此種種，不一而足。

在本棱覺得這些行為過於「獻媚」之時，阿三正在接受一份新建的中文報紙的請求，幫助徵收文學稿件。他居然也去向趙丙邀稿。本棱大驚，因為趙丙的文章只送「龍沙龍」公眾號、從不「外泄」，叮囑阿三切勿自討沒趣。誰知很快竟真的收到趙丙的來稿。本棱一時啞口無言。

屆時「龍」沙龍已有成員主動邀請阿三加入，他一一婉拒，但仍接受邀請出席了他們的新年晚會。正在欣賞人們舞池中翩翩起舞，一只酒杯出現在他的面前。遞來之人竟是趙丙，而且神情無任何異樣地開始談天說地。二人如一見如故的老友，文史哲政相談甚歡，爭得面紅耳赤而樂此不彼。當晚阿三還接受了他的邀請加入了沙龍。

本棱事後問阿三為何堅持要與趙丙這種人交往？

阿三眉毛一揚：「看人看人品，交人也是交人品嘛。」

「他曾如此狂妄，怎知其人品？」

「他交的朋友都非凡俗之輩，他的情趣內涵也說明了問題。他非完人，我又『隱藏』得深，看走眼的不止他一人，好事！咱先吃點虧，之後以德報怨，等於給人家機會來認識真真實實的咱，也給咱自己機會看他怎樣處理。看做人也得這樣給人家做人的機會，由此才能觀察不是？很多人怕吃虧，最

終少交了多少真人，那才是人生之大虧！能撈到如此大魚，可見吃虧是福。吃虧就是『長綫』，所謂放長綫釣大魚是也！」

（刪減版刊於2020年6月18日《人間福報[副刊]》）

菲爾借錢

阿三一般很早上班。這天剛進辦公樓居然撞見幾乎天天遲到的菲爾，正熱鬧地和同事南希閒聊。從他們身邊經過時，阿三認定情況有些異常。

果然才走出不遠，便聽到身後菲爾突然開口向南希借錢。直到走進自己的辦公室，阿三才意識到那是什麼意思。

借錢？從中國來的阿三對此本不陌生。以前沒錢時誰不是從朋友親戚或鄰裏那裏尋找支援。可這是在美國啊，向私人借錢？天方夜譚！

在美國，確實人人借錢，但多憑個人的信用向金融機構借貸，金融機構也多憑自己公司信用贏得借貸之人。已基本取代了現金的信用卡，便是一種借貸手段：個人先刷卡，月底才會收到賬單，還賬日期又可等到再下個月。人人便這樣每時每刻在借貸，再靠著自己的按時還貸、哪怕只是還最低限度的金額，來贏得信譽、積攢信用；之後便可靠這種積來的信用，隨時向銀行借到更多貸款。

不然，對於多數不算帳不存錢的美國人來說，連買房子買車也已成爲不可能；且因同理，美國人只要關心每個月從四面八方寄來的賬單即可，沒必

要算帳、沒必要注意收支平衡和存錢。這一社會習俗在咱華人實難理解、被認作是惡性循環，在美卻成爲消費帶動生產進而帶動經濟發展的社會基礎之一。

可菲爾，竟會在辦公室向私人借貸！這只能說明一個事實：他的信用不好，所以銀行不肯向他放貸，迫不得已他只好轉向私人。

可連銀行都不肯借給他，哪個私人又肯冒此風險？退一萬步來說，這些美國中產工薪階級負擔尤其重，也尤其不懂管賬不會存錢，又哪會有閒錢來借給他？

況南希還是猶太人。

可菲爾也是猶太人啊！

所以，理所當然順理成章地，南希沒肯借錢給他，且私下一個傳一個地讓其他同事得知了此事，話裏話外似在提醒大家提高警惕。

菲爾居然似乎沒覺得丟臉，倒像是順理成章地，開始一一轉向其他同事借錢；順理成章地，其他同事也都沒借給他；順理成章地，他們開始在背後嘲笑他，說他完全不像本國人。

　　還好，這些程序沒包括阿三和其他膚色有些深的人。對此阿三並不驚訝。

　　但這不等於菲爾沒一再創造驚訝。事實上，當聽說他同樣的話語響在了其他科室、遍佈整個大樓、甚至響在了印度小老闆的辦公室時，人們對他的驚訝一浪高過一浪。

　　浪頭最高的那次，發生在阿三提職之日。提職名單中竟還有近來頻繁地從各辦公室進出、身影無所不在、工作質量大降的菲爾。

　　據說，因菲爾整天去小老闆那請求借錢，態度極佳、死纏爛打，搞得她應對不暇、疲憊不堪，所以決定給其升職提資、用「公家」的錢頂住他算了。

　　小老闆？那可是位素無同情心的鋼鐵人物！她竟有此等舉動，讓從來不想攪乎辦公室「濫事兒」的阿三，都不禁大感意外；而公認早該提升的其他人等，更是義憤填膺。辦公室議論紛紛，誰也不知菲爾究竟用了何等「妖術」。

　　按說此情下提職總會因有人抱不平而向上級告狀，這次居然始終祥和寧靜。

　　還好，從此菲爾再也沒向眾人私下借錢。

誤人子弟

阿三的女兒小甜知道只有本棱和父親阿三的關係最好，所以找本棱訴苦、說父親不讓她和朋友去紐約聽音樂會，並且很高興看到這引起了父親和本棱的一場口水戰。

本棱單刀直入訓阿三道：「管太嚴了吧你。不是自詡在家民主嗎？憑什麼束縛小甜的自由？」

阿三板臉相向：「民主不等於不管、更不等於不關心。放任自流永遠不是民主。你願意你自己家裏鬧無政府嗎？」

本棱說：「總之不讓小甜去就是不對。」

阿三答：「我這是在管教子女。」

「你這明擺著是束縛而不是管教！」

研究了一會兒本棱的怒目，阿三微微一笑：「你今天來，就是為了指責我？」

「當然，要將你的不良行為遏制在萌芽中！」本棱的態度十分凜然。

「想遏制我？」

「對!」

「想管制我?」

「對!」

「管制我的目的是?」

「讓你在家裏民主些,教你怎樣當個好父親。」

「是啊老棱!」阿三問,「你只是朋友,都可以跑這兒來管教我,倒不允許我管教自己的女兒?」

本棱剛要開口,阿三又拱了一句:「作爲父親我管教女兒,竟然是在束縛孩子?而且居然需要外人來遏制?」

仍沒等本棱說話,阿三再問:「作爲朋友,你連我在家裏管教孩子的民主都不給,倒要教導我?倒是你這個朋友更民主?」

「我……我這也是爲你好對不對?」本棱囁嚅。

眼見本棱要敗下陣來,扒著門縫偷聽的小甜終於沈不住氣,忙推門而入,嚷道:「對呀,棱叔這是在爲我好,而且更是爲老爸你好呀對不對?」

「瞧吧,」阿三卻不理會小甜,仍一味只對著本棱說話:「我是在問過小甜爲何要去紐約、怎樣

去、去看什麼等一切細節，之後才做的決定。你呢？沒做任何調查就認定我是在束縛，也算對我好？」

「那……那你爲啥不讓小甜她們去呢？」本棱趕緊轉換話題，擺出虛心求教的認真模樣。

「我何曾不讓她們去？她們還沒到獨立開車的年齡，卻一定要開車去。我要她們等我請下假時帶她們去，或她們改乘火車前去，難道那也錯？」

「可那就錯過了這次演出，那可是過這個村沒那個店的演出，換個時間就看不到了嘛！」小甜跺腳。

阿三這才把臉轉向女兒：「錯過就錯過好了。你們沒到十八歲的孩子開車出門，法律規定一定要有位老司機陪著，難道妳忘記了？尤其妳，只怕是醉翁之意不在酒吧？聽說是位男生開車，而且妳和那男生最近往來相當密切，對也不對？我可不像妳棱叔，不調查就亂發言、而且隨便做決定，妳畢竟是我的女兒！」他將腦袋再次轉向本棱，口氣中帶有一點威脅：「現在，你還認為我的做法有錯嗎？」

「噢沒錯沒錯，你太正確了！」本棱趕緊就坡下驢，把大拇指也伸了出來：「是我不對，不該錯怪你。」一轉身，他又對著小甜假裝板臉埋怨道：「妳這小丫頭，沒有提供全部資料就叫我來為你打抱不平，這樣一來我豈不是越打越不平了嘛！」

「錯怪倒沒事、誤解也沒事，有件事倒是很大很重要也很嚴肅！」阿三故意滿臉陰沈。

本棱連忙裝出更加不安的樣子來，阿三多少有些滿意，但語氣仍很沈重：「咱小時候，人們都認為家教越嚴越好。可現在呢？居然得學會整天表揚子女才對，認為管教就是不民主，甚至連所謂的朋友也不問青紅皂白前來幹涉、要阻擋父母教育子女。」他聲音一下提高幾倍，皺起眉頭一個字一個字地說：「可實話告訴你，誰敢阻攔我教育子女，誰就是誤我子弟！誰敢誤我子弟，我就一定跟誰急！」

本棱趕忙跟著長嘆：「可憐可恨的獨生子女啊，個個都被溺愛成性。不是一曝十寒，而是一寒十曝，都慣壞了，這讓當父母的怎麼教啊！」

事後本棱找到小甜，嚴肅地對她說：「妳爸才是真正在為妳好。下次千萬別再把妳棱叔我當槍使，我可不能當誤人子弟的大壞蛋！」

（刪減版刊於2020年7月2日《人間福報 [副刊]》）

劍走偏鋒

阿乙被這麼長久封門的疫情憋壞了，一聽開始解封便要去開派對。本棱急，要前去阻攔。阿三則讓本棱先等等，說現在勸沒用。本棱沒理，徑去了。「都是犟脾氣，不敗才怪！」，阿三自顧自搖著頭說。

下午本棱果然垂頭喪氣灰溜溜地回來說：「我把事搞砸了。」原來阿乙只用了一句「咱不怕死！」，便把他給打發了回來。

阿三嘆氣道：「一盤活棋楞被你差點下死了。」見本棱要發火，又忙笑著補救說：「瞧吧，看咱怎樣做到死馬當作活馬醫！」馬上查了查白本電話簿，刻不容緩直接去電阿乙，留言道：「咱堅決支持你去搞派對！我剛查了商業電話簿，找到三個賣氧氣瓶的公司，再看能否走後門聯繫到哪所醫院的病床，因為現在都人滿為患大超負荷。上次那個合唱團才集中排練一次就有 40 多人確診，醫院馬上擠爆，估計你們這次也差不多，只怕氧氣瓶會更難搞到。不過別擔心，我一定盡力。沒有病牀和呼吸機，憋死的滋味可不好受。你放心，好好玩，我現在就去聯繫！」

阿乙果然很快回電，說不打算再搞派對了。

見阿三一臉得意，本棱悻悻地說：「不稀奇，你無非又是使用了『倒行逆施』大法罷了。」

阿三笑道：「是啊，有人總能把事做极、把棋下死、把話說絕、把水攪渾，令人無法緩沖。這種情況下只能動用點雕蟲小技施展策略來進行搶救。我這明擺著是幫人，誰知人家卻不領情。」轉而壞壞地一笑，問：「可我對你使用的又是什麼『大法』，你知道嗎？」本棱一頭霧水，無言，阿三也並不進一步作答。

隔日二人乘出租車出門。司機性急，見堵車便拼命按喇叭。坐在後邊的本棱下意識地衝口來了一句「這可關乎教養！」。司機頭還沒回已然大怒：「你敢罵我？」阿三忙舉著手機湊到本棱面前，大聲對著屏幕說道：「是啊你別沒教養，再放我們鴿子一定找你算賬！」全然不理已轉過身來的司機。司機於是以為他倆只是在和別人通話，這才作罷。

下車後阿三問本棱：「你最近吃了啥嗆藥？還記得做事不應太絕對嗎？」

本棱連聲嘆氣：「唉，本來已是滿腹的煩心事，現在好多事更是直接做砸，簡直成了惡性循環。最近不知咋的，做啥砸啥，頭大！你說我這到處闖禍怎麼辦？」

　　阿三笑道：「沒事。再麻煩的日子也得過不是？你煩，生活就沈重；你樂，生活就有趣。要想把沈重的麻煩變有趣的樂事，你得學點『劍走偏鋒』之術，闖了點禍也會化險為夷不是？」

　　「什麼『劍走偏鋒』，能真有那麼靈？」本棱半信半疑。瞇著眼睛想了想，然後猛地一拍腦袋：「著啊，就像剛才你對待司機那樣？」

　　「有悟性。」阿三嘿嘿一笑：「還有就是阿乙那次，你把棋下死了還朝我發火，我卻死馬當作活馬醫，最後終於沒讓阿乙辦傻事，對不對？這就是『劍走偏鋒』之功效。」

　　「噢，不過就是『顧左右而言他』對吧？」

　　「也對也不對。區別在於：『劍走偏鋒』是材、『顧左右而言他』是器，材可製成不同之器，器卻無法再改製。前者屬戰略、後者屬戰術。」

　　「材不材的咱不管，總之會耍滑頭就行了。」

　　阿三哭笑不得：「你把隨機應變、打圓場甚至善意的謊言統統都稱作『耍滑頭』？錯！這些都應該屬於『劍走偏鋒』才對，是屬於『不倒翁』的才對。這就叫智慧型處事，但屬於情商而不只屬於智商，須知情商比智商要高級得多。——不過很遺憾，現在沒有『不倒翁』一說了。」

本棱咧嘴一笑：「可我怎麼總覺得『劍走偏鋒』是屬於招術。到底還是招術管用，用現在的話講，叫『接地氣』。」

阿三道：「完了你全混了。不過別管是戰略還是戰術或是招術，只要面對僵局能劍走偏鋒，讓步、錯步、退步都無妨，但凡能立即緩解局勢、迴避鋒芒就好。事緩則圓，退一步海闊天空嘛。」

本棱滿意：「得，這次的招術挺好懂也挺好用，沒玩太玄的大道理來欺壓我。」

阿三一臉嚴肅：「『劍走偏鋒』是 72 計中的第 38 計，是 36 計中第 2 計的升級版、即整整高一個回合，也屬『勝戰之計』。是個體行為科學的研究範疇，當然接地氣！」

本棱嘆了口氣：「得，又開始玩玄的，又要開始頭昏了。咱這就『劍走偏鋒』，拜拜了您哪！」著急忙慌地走開了。

（刪減版刊於2020年7月16日《人間福報[副刊]》）

眼友俱樂部

很多朋友寫了文章總是喜歡來讓阿三修改，阿三則是來者不拒。那段日子卻突然不肯再「接活」，致口碑陡漲，來找的人更多了。本棱問他是否欲擒故縱，阿三怒道：「我剛查出來青光眼，不幫了不行嗎？」

阿丙聽說，立即找了個週六，拉著本棱帶了一堆好吃的，敲開了阿三的門。

一見阿三，阿丙便嚷道：「阿三真的別緊張，咱可是得了青光眼十幾年呢！」沒理阿三的尷尬，他問：「阿三你每天點幾次眼藥水？」

「每天睡前一次。」

「我每天三次。」阿丙接道。

「這麼嚴重？」

「要不然怎麼外號是『瞎子阿炳』？」

本棱笑著插嘴：「那是綽號，又不是真瞎。」

阿丙道：「我不瞎，可我老媽眼睛幾乎看不見了，上個月才動的第七次手術，目前只勉強見點光。」

阿三一驚：「什麼手術？怎麼七次？都是青光眼？」

「三次青光眼、四次白內障和其他手術。上個月的就是第三次青光眼。她現在每天點 4 種不同眼藥水，時間、次序都不能錯。而且，」他口氣一轉，「我媽和你看的正好是同一位醫生。」

「霍普金斯醫院眼科分院青光眼主任奎克理大夫？」阿三的驚訝溢於言表。

「對。」

阿三開始失望：「在名醫手下做了那麼多手術，結果還是在盲的邊緣？」

阿丙不以為然：「我媽 95 歲了，這種年齡多少老人沒青光眼不也一樣快失明。所以珍惜吧你呀！全美最好的青光眼醫生，你還緊張什麼？」

本棱忍不住問：「霍普金斯眼科醫院是世界一流，你們怎麼進得去？」阿丙答：「孤陋寡聞了吧？美國私立醫院，只要肯花錢就都可以進去。」

「一定很貴吧？」

「瞧吧，道聽途說。」阿三不耐煩地答道：「霍普金斯急救室牆上寫得清清楚楚：病人即使沒錢，醫院也必須看病。」

「那恐怕都是瞎扯！阿乙的姑媽說她得了黃斑病要手術，去電霍普金斯，要一萬多刀！於是找了她自己的眼醫，才四千多，手術照樣成功。」

阿三楞了一下，若有所思：「那這麼說起來，是不是著名醫院也在坑銀子？我那醫生不僅貴，而且看病才半分鐘便打發我出來。就說前不久的這次就診，醫保公司交費後，我自己還要再交三百多刀呢！」

阿丙問阿三：「有人給你做檢查嗎？」

「每次都被按住先做兩到三項檢查才去看醫生。這不正是用不必要的昂貴檢查來坑銀子？」

「這是頂級私立醫院，全世界捐的銀子多了去了，醫生自己又不管賬，就算坑銀子也到不了他腰包不是？他犯得著有意坑銀子嗎？」阿丙反問道，接著又問阿三：「是不是你這一次做兩項檢查、下一次就是三項，這樣交替地進行？這是常規步驟，陪我媽住院時連我都搞明白了。」

阿三想了想，恍然大悟：「想起來還真是那麼回事！」

「而且他那醫院儀器世界一流、極其昂貴，醫保公司一般都不會全部報銷；況報銷多少由你自己買的醫保決定，和醫生並無關係。看病的時間也都事先排好，給你看的時間長了，別人就得後推，不公平。而且做的檢查也是看病時間的一部分嘛！你尤其應當知道的是，醫生看你的時間越短，說明你越沒大事。燒香感激吧你呀，阿三！」

阿三有點尷尬，忙轉換話題：「你別說，這兒的醫院碰到真窮的人，還真的不收費呢！霍普金斯牆上的話兒其實是真的。」

「對呀，我媽收入少，可以享受州政府補貼。別說七次手術一分沒花，就是買藥掛號、看病接送之類的也都免費。」阿丙順便白了本棱一眼：「怎麼總覺得本棱的姑媽實話不多。」

大家一時沈默了起來。

「我說你倆，」阿三突然打破沈寂有點支吾地說：「那個……那個什麼，我想你們也許可以去轉告大家夥兒，如果有什麼字啊、句啊文啊之類的需要我幫忙推敲，大家像以前一樣儘管隨時吱聲。」

那天臨分手時，阿三對著阿丙連聲道謝，還忙不疊地現在就要開始約下次聚會的時間：「告訴大家，下次到我這兒來時不必帶東西，全由我阿三來張羅！」

阿丙故意問：「什麼名目？『瞎子阿丙取經大派對』？」

阿三笑：「叫『眼友俱樂部成立大會』吧。」

阿丙和本棱哈哈一笑，與阿三擊掌而去。

（刪減版刊於2020年7月30日《人間福報[副刊]》）

满地找牙

「**她**外婆要求這位才十四五歲的小姑娘，把所有牙全拔掉，只爲漂亮？」阿三覺得這種想法過於匪夷所思。

那是一年前的事了。小甜的好友媽媽突然遇到了麻煩：本來與她很少聯繫的外婆突然來電逼她回國，要她把滿口牙全部拔掉換上假牙。因她剛見到媽媽新拍的照片，發現前幾顆牙有些走形、有一顆還明顯被擠得突了出來。

媽媽感到滿心恐懼束手無策。小甜覺得絕對不可思議乃至憤怒。

阿三多少知道點緣由。那年去接媽媽來美讀書時，第一次見到她外婆。這位皮膚細嫩身材苗條、但仍遮不住滿面皺紋的老太正在擺弄桌布，上移下拽花了十幾分鐘，每個邊角都要放置得絕對地整齊對稱，才滿意地把目光移向客人。只因阿三的太太誇她衣著得體，她便滔滔不絕講了半小時，用得最多的字是「我」：「瞧我腰身多細！」「這是我女兒的牛仔褲，我照樣能穿！」「我這美麗身材保持了一輩子！」「爲穿高跟鞋，女兒小的時候我都沒有彎腰抱過她。」然後呲出一口白得耀眼的整齊的牙齒給大家看：「信不信這全是假牙？四十歲時我

就叫牙醫把牙全拔了，之後發熱足有一個星期，但我終於挺過來了。瞧，現在多美！」

「您以前牙齒不好嗎？」阿三問。

「好著呢，只是沒假牙好看。」

「聽說年數一長會有牙齦問題，不能再戴假牙對嗎？」

「所以總要隔一段時間就重新再配一副嘛。這是我的第三副了。」

那天晚餐時的話題，大家不知不覺總是往牙齒上靠。阿三甚至講了個小故事：有位年紀已不輕的長得挺帥的大叔，牙齒已全部脫落，妻子便花高價給他配了一副漂亮的好假牙，於是他天天在外騙靚女鬼混。妻子一怒之下將他的假牙扔到了窗外，從此「帥叔」不再帥，得以老實地呆在家中守著妻子。其他人也提到演藝界有全拔了換假牙的事，但不只因為漂亮，還會因為清晰吐字和發音。

無論什麼牙的故事講出來，媽外婆都跟著笑，很開心。

如今她要外孫女也拔牙，理由正是「這才能保住她一輩子漂亮！」

　　想起當年之事，阿三嘆道：「瞧吧，那時她如此時髦，如今卻如此落後。自戀的人兒啊！」覺察到失言，忙把兩個小姑娘拉到一邊，如此這般叮囑了一番。

　　第二天，媽媽去電給外婆，滿口答應會按照她的要求去辦：「可是我在美國也已找到了一位非常有名的好牙醫，所以就不回國拔牙了，這樣還不會耽擱我的學業。」並且請求外婆放心，只要再等一年，保證會給她看到一口整齊潔白的牙齒：「但一年內外婆您不可以要求我拍照或視頻，我不想讓您看到我的漏風牙齒！」

　　一年後的今天，外婆按時發來了視頻，第一句話便是「假牙裝好了吧！」媽媽一楞，很快回過味來，笑道：「裝好了，正想著哪天給您瞧呢！」將嘴大張開來，果真是一口潔白無瑕的整齊銀牙！外婆驚詫不已，嘆道「還是美國裝假牙技術高！」媽媽笑說這其實全是真牙、一顆也沒拔，只是做了箍牙將牙齒固定整齊了，而且這些開支醫保統統報銷。外婆聽了一時無話只是在咂嘴，然後一再表示非常遺憾自己當年不在美國，同時也慶幸媽媽到了美國能輕而易舉不受傷害便可以「保住一輩子漂亮」。媽媽這時連忙插嘴，說中國也早已有了這項技術；而且不僅如此，現在還都有一種植牙技術，將自己原來的牙拔出來之後還可重新再種回去：

「您的牙要是還在,都可能可以再裝回去呢!」她仔細地解釋了一通,聽得外婆連連惋惜,說恨不得把自己的真牙全找回來:「還是真牙感覺好。可惜我生錯了年代!」

剛放下電話,媽媽立即飛也似地跑去告訴小甜,兩個小姑娘笑得前仰後合直不起腰。

阿三的太太在一旁聽見倒有些不忍,說:「以往條件太差,想保住一份美貌都要靠許許多多怪招,往往還要先傷害到自己。」

阿三也惋惜,連說:「是啊,科技進步神速,難保不讓人總在滿地找牙!」

(刪減版刊於2020年8月13日《人間福報[副刊]》)

無心插柳

「**瞧**吧，這下妳得向我請教了吧？」阿三得意地問女兒小甜：「我來告訴你一個竅門好不好？」

小甜不大服氣。她是在學做瑜伽。跟著網上李蕙蘭的錄像本來做得有模有樣，可但凡單腿站立便都不行，東倒西歪堅持不了多久。阿三為了刺激她，笑說：「瞧，咱這老胳膊老腿做金雞獨立都能站得穩，怎麼妳這本來平衡很好的小丫頭片子，僅僅只是簡單的單腿站立卻連連失敗？」小甜聽後本來一臉怒氣和無奈、小臉憋得通紅，這會兒聽到有竅門，怎麼著都得忍一忍，所以最後終於還是勉強點了點頭。

「記得我說過，做任何事都不要目的性太強對不對？妳正是因為太帶有目的性才失敗。還記得平時妳爬十次樓梯就喊累，可為開派對試衣服爬二十次仍樂此不彼？只糾結目的的話，必會『有心栽花花不開』。倒是『無心插柳』才往往能『柳成行』，例子比比皆是。這是道家的順其自然之美，更是目的與平衡之間的關係。」

　　「怎麼又是『無心插柳』！」小甜嘟囔着：「小時候學騎車，你讓我眼向前看就說是要無心插柳。最近我學開車，你讓我向遠處看、向四周看、向對方司機的眼睛看，說的也是無心插柳。」

　　"對呀，還有什麼例子呢？"

　　"還有，做生意掙錢，眼睛不能總看着錢，才能來錢。"小甜老老實實答道。

　　"而且，同一個字寫上一千遍妳就不認得了，這是太盯住目標之故，對不對？當妳想畫一幅人人能看懂的大油畫，得點上無數個誰也看不懂的小泥點，對不對？要想攀一座高山，得只盯住眼前那幾步台階往上走，才能上得到頂，對不對？"

　　「So？」小甜不耐煩道：「這和金雞獨立到底什麼關係呢？那所謂的『竅門』究竟又是什麼嘛！」

　　「關係大了！……至於竅門嘛，其實也很簡單：單腿站立時，妳得盯著其他東西看。」

　　「這還用著你來教？李蕙蘭說了的，我也照做了，可根本沒用！老爸你這是故弄玄虛！」

　　「故弄玄虛為什麼我能做你卻不能？」阿三反問道：「就說剛才吧，在做單腿立的時候，妳盯著看的是什麼東西？」

「那籃蘋果！」小甜手一指。

「那妳再做一遍我看看？」

小甜做時的確是在看蘋果，可才十幾秒已狼狽地雙腿落地。「無論栽花還是插柳，反正對我都不靈。」她泄氣地說。

「對我就很靈嘛！」阿三神祕一笑：「只因妳並沒做到『無心插柳』。再試一次，我來告訴妳。」

小甜再次提腿並看向蘋果時，阿三卻突然走過去打量起那只蘋果籃：「怎麼蘋果裏好像夾了一個梨？噢，不是梨，是我看錯了！」小甜嚷：「你擋著我看蘋果了！」阿三邊向一旁側過身去，邊問：「作爲獎賞，待會兒妳想吃哪個？」小甜做了個鬼臉，答：「你不獎賞我也照吃！左邊第三個吧。」阿三用手點向右邊第三個，問「可是這個？很小嘛！」小甜不耐煩：「左起第三，不是右三！」阿三又指向左邊第四個：「這個嗎？」小甜忍無可忍：「我說的是左邊第三、也就是最紅的那個，你怎麼總搞錯！」後來索性放下腿，走去將那個蘋果點了出來。

阿三將計時器遞過去，得意地說：「瞧吧，說這幾句話的功夫，妳整整金鷄獨立了一分鐘！」

　　小甜一楞，停了一會兒自己又試了一次，居然站了足足兩分鐘，忍不住興奮地叫：「成功了，我成功了！」然後突然一拍腦袋：「噢，我明白了！『看』的意思是爲了分散注意力，而不只是『看』的這個動作。注意力一分散反而可以保持平衡。神了！老爸你是怎麼知道的？」一臉的心服口服。

　　「『無心插柳』的效果嘛！」阿三一豎大拇指：「這回對嘍！『無心插柳』含的道理很多，在意識上錯開些許、反而容易達到平衡這一點便包括在內。歪打正著、異曲同工、殊途同歸等等，都是它延伸出來的奇妙果實。」然後得意地一笑：「現在妳總該服氣了吧？」

　　小甜卻拔腿便往外跑。阿三在後邊喊：「你幹嘛去？」

　　小甜應道：「不能再讓你在這兒栽花了。我的同學小丹也不會金雞獨立，我去教她無心插柳！」

（刪減版刊於2020年8月27日《人間福報［副刊］》）

阿三的派對

美國朋友安德烈愛吃阿三的中國菜，月前便張羅 9 月 7 日勞動節開 party（派對），要帶幾個朋友到阿三家去，還說屆時人人都將「表演廚藝」。阿三的妻子不知開美國式還是中國式的 party，很發愁。阿三一笑，說：「你別管，瞧吧，看我的！」

勞動節前夕陸續有快遞寄來，全是食材：切開的土豆、現成的罐頭、葉子雜菜……。好在安德烈已告知阿三，這些都是大家用於「烹飪」的原材料。郵費竟比物品都貴。

好友本棱那天來不了，託人送來一大盤火雞肉絲，味道極佳。因須貼上菜名，阿三忙去電問其英文叫法。本棱在網上翻譯了出來，答道：「就叫 Turkey Floss 吧！」

勞動節那天午前，男男女女十幾號人均已到齊，個個摩拳擦掌直奔廚房，一道道菜神速地飛上桌面，把阿三看得目瞪口呆。有的只是把一堆罐頭用微波爐熱一熱倒到不同的碗裏；有的把買來的熟蝦之類的擺盤、將蘸醬旁置即可。活潑漂亮金髮碧眼的阿曼達，先對著從未見過的帶皮大蒜驚叫一陣，然後

往葉子雜菜上撒鹽、澆醋和沙拉油，上下搖勻，便製成了沙拉……

也有真正動爐火的。安德烈表演了「中國炒菜」，涼油剛入鍋便把四季豆扣下去，用鏟子攪攪便說這就是 stir fry（炒菜）了。倒是一位墨西哥少婦用含大量葡萄酒的調料做出的意大利麵條，堪稱美味。

最後上場「表演」的是阿三，多是美國人熟悉的中國菜：腰果雞丁、紅燒茄子、麻婆豆腐……。等水煮魚、紅燒肉、鍋巴湯端出來，人們已叫不出菜名，只剩了瘋搶，其他人表演的菜式統統晾在了一邊。

「火雞肉絲」端出時又是一陣風捲殘雲，可一看那英文菜名便都傻了眼，幾位女士甚至驚疑不定擺出要吐的模樣。安德烈遲疑地唸道：「土耳其……牙線？」阿三這才走去細看，不由捧腹大笑，將「Floss」（牙線）趕緊改成「Shreds」（肉絲），大家才釋然，頓時一陣闔堂大笑。

邊大快朵頤快樂品味美食邊閒談，大家心滿意足一片幸福之色。阿曼達卻不失時機突然來了一句：「多麼美妙的時刻！要有鋼琴或小提琴在側演奏就更好了！」

　　阿三笑道：「是啊，你們聚餐一般是聊天，去餐館也頂多會有音樂伴奏，都太單調。我們華人可不同，是人人參予表演節目。或唱或跳，或朗誦或單口相聲，還有猜謎、繞口令、接龍……應有盡有。我看咱們現在就實踐一下，讓你們體會一下？」他把頭一轉：「阿曼達妳唱歌最好，來一段怎麼樣？」

　　阿曼達非常意外也很高興，當即唱了《鐵達尼號》的插曲。果然立即挑起大家的表演欲望，餐桌上掀起新的熱潮。安德烈的脫口秀居然張口就來。祖籍印度、非洲和墨西哥的都能歌善舞。一些不肯表演的，阿三教他們用鋼勺敲鍋底代替鼓掌，他們立即樂此不疲。後來大家索性把桌椅拖到一邊，擁擠地跳起舞來，整一個狂歡景象。一直玩到天色盡黑，大家才依依不捨地告辭離去。

　　阿曼達出門時連說「阿三你的 party 太好玩！」安德烈則連連說道：「好玩但更好吃！」一直不大出聲的墨西哥少婦突然回過頭，遠遠來了句：「華人特色的中美 party，好吃又好玩！」所有人於是異口同聲：「下次還來！」

（刪減版刊於2020年9月10日《人間福報［副刊］》）

<u>少年塗鴉</u>

「**爸**，小丹她媽又在兇她弟弟小畫了！」
小甜剛放下電話便急著朝阿三叫，小丹是她閨蜜：
「可她弟也是的，總在牆上亂畫。先是用彩色粉筆，
被沒收了；這次居然拿鞋油、還有獼猴桃、甚至她
媽媽的口紅亂塗，說要畫草莓。小丹也不知怎麼好。
剛才她想攔住不讓她媽揍小畫，結果她媽一氣之下
也罰了她，把她自己的零花錢也整沒了。」小甜一
口氣嚷完，倆眼緊盯著阿三看反應。

阿三果然非常驚訝：「小丹的弟弟不是才十一
歲嗎？居然愛畫畫、而且是壁畫？」

「就是的呀。都因為他們阿姨。小丹的姨在馬
來西亞，上次請他們去檳城玩了一圈。小畫居然不
在乎那裏各種饞人的小吃，倒是站在那看街頭的壁
畫發呆，還差點迷路走丟了。回來之後就像中了邪，
天天琢磨著在支楞著的東西上畫畫，連個本子都給
豎起來使用。畫著畫著後來就延伸到家裏家外的牆
上了，把他媽氣得發瘋，所以他畫一次倒楣一次，
可偏是屢教不改。老爸你幫忙想想辦法好不好？」

「行吧，瞧我的！」阿三眼眉嘴角都向上一挑，
那副神情不像是要去解決什麼麻煩事，倒像是找到
了什麼寶，快活得緊。小甜這才松了口氣。

幾天後，小甜送給小丹一大卷白紙和彩色筆，宣佈要重新佈置自己的房間，不要小熊小兔子之類的毛絨玩具了、而是要很多繪畫，要「用藝術裝點牆面」。她親自來到小丹家，在小丹和她弟弟小畫臥室的門後貼上大白紙；還親點小畫幫忙作畫，口口聲聲叫他「小畫家」。小畫被哄得開心之至，屁顛屁顛跑來圍著她倆轉，況也期盼已久非常興奮，當晚便立即著手繪圖，像模像樣連夜一口氣畫了三四張圖，有一張還真是一個大草莓。好在媽媽現在已不經常查房、他又沒有亂塗牆壁，居然輕鬆蒙混過關，沒引起媽媽的注意與責罰。

隔日小甜便將一系列畫作帶回家，阿三馬上做了鏡框一一裝好掛在了她房間的牆壁上。幼稚的繪畫立即很像一回事，小甜的臥室也果然有了點「藝術味兒」。小丹立即將小甜臥室的照片拿去給媽媽看。從此她家冰箱門上便總是罩了一張或大或小的白紙，批準由她弟弟塗鴉。圖越畫越大，物品越畫越像，繪畫主題也越來越多。有一次甚至是一隻斜著的巨大的眼睛，橫跨冰箱，醒目之極。廚房從此成爲全家進門首先光顧之地。若連續幾日未更新，便都去爲下一張的主題獻計獻策。當然小畫再也沒因為繪畫而挨罵，他媽媽鼓勵他都還來不及呢。

小甜把阿三教的製作鏡框的「手藝」也認真傳給了小丹。無非是把無用的厚厚的硬紙板做成夾板

式的長條；再買一些很像樹皮的粘紙，如修補電風扇頁的那種即可，將其粘在做好的夾板條上；然後再用這些硬紙條將畫紙的四邊夾住，於是以假亂真的「鏡框」便大功告成。而且不重，很容易掛在牆上；高興起來還被五顏六色地穿在晾衣繩上，將整個走廊連牆帶天花板都掛滿，美其名曰「畫展」。漸漸地，這一「畫展」成了小丹家每逢年節或重要日子裏必不可少的一道藝術風景，引得親友鄰居紛紛前來觀賞。便有人開始向小丹家「訂購」，小朋友們尤多。小丹按小甜之言，說服媽媽只收成本、且不讓弟弟知道，免得形成「貪錢腦殼」。

未料「收入」仍漸漸多了起來。尤其小甜將小畫的繪畫按阿三的指點發到了《世界日報》之後。小甜絞盡腦汁幫忙在命題上花心思，所以居然每投必中。稿費雖然每次很少，畢竟積少成多。用這筆錢，小甜又幫他們出了一本《小小少年塗鴉集》，居然一舉成功、上了暢銷榜，給他們一家人增添了更多的快樂和驕傲。

阿三看到無論封面封底還是前言之類都只有小丹姐弟的名字，不由問小甜道：「妳幫著他們做了那麼多事，為什麼畫冊中壓根沒提妳的大名？」小甜不耐煩地一撇嘴：「誰叫我是你女兒呢！」

（刪減版刊於2020年9月24日《人間福報［副刊］》）

「呼孔神團」

「**他**們偷了你的藥方！」晚上剛上線與阿三視頻相見，本棱便氣急敗壞地嚷：「說抗疫用的。」

「我有抗疫藥方？」阿三驚異。

「怎麼沒有？」本棱解釋道：「記得春天那上億怒放的鮮花造成的嚴重空氣汙染嗎？根據那時的天氣預報，雲層中動輒有七八噸花粉，而且車子上永遠是黃糊糊的一片。難怪美國平均四人便有一位花粉過敏。」

「So？」

「還記得花粉過敏給人帶來的痛苦嗎？長達兩三個月，等於天天重感冒，鼻子眼睛奇癢，流涕流淚、連續大噴嚏、劇烈咳嗽，甚至嚴重哮喘、夜間無法入睡，生不如死……」

「So？」

「所以春天大家能不出門就不出門，天天服藥、隨時緊閉門窗。可花粉畢竟無孔不入，藥物也只是治標……」

「So？」阿三仍沒聽明白，而且這會兒有點心不在焉。他正在往眼鏡腿上擰螺絲，那細小的螺絲釘總是滑落，終於開始有點失去耐心：「你是在說花粉過敏，還是這 Covid19 新冠疫情？」

「噢，這新冠疫情和花粉過敏還真的挺相像的呢。都得躲著，都得關門。奇怪的是美國人對如此恐怖的疫情反倒不如對花粉更加緊張。」

「那倒是。不過反正都是躲。一個看不見卻要人命，一個看得見讓人痛苦萬分卻死不了。」阿三找到一把有點過大的螺絲刀擰著，順便抒發感情：「還好美國人現在讓戴口罩了，真不容易啊！」

「可你的『堵鼻法』，不戴口罩就能抵禦花粉，有著特殊的偉大的貢獻，絕了！」本棱很欽佩：「出門前只要用棉團蘸點淡鹽水，捏得大小合適再塞到鼻孔裡，就比口罩還口罩了，簡單之至！我們春天都使用了，就是不過敏的那幾位哥們兒也都用這個方法在預防呢！阿乙還說他甚至加了點醋，靈感來自醋可以預防感冒。我也相信這可以進一步加強『堵鼻法』的功效。」

「瞧吧！那叫『呼孔神團』，什麼『堵鼻法』，真土！」阿三哭笑不得。

「怎麼就『土』了？」本棱笑道：「『呼孔』
不就是鼻子、『神團』不就是堵鼻子的小棉團？你
只是在名字上忽悠大家罷了。」

「那可不是忽悠，那是藝術。」阿三一本正經：
「顯得高深。」

「總之有用就行。而且你注意到今年三四月的
花粉過敏確實好多了嗎？」

「瞧吧，不是過敏好多了，而是因為大家都關
門在家躲疫情，結果花粉也躲在外邊了。」阿三哈
哈一笑：「不過說實話，咱們這幫花粉過敏嚴重的，
對這次疫情的種種預防措施毫不陌生。總之凡知道
怎麼躲花粉的，都應當會躲新冠疫情。」

「所以你那『神團』確實有用！」本棱突然想
起今天的主題：「噢差點忘了，我要說的，正是你
這個『呼孔神團』的專利被人偷去了。—— 剛剛
看到有消息說：為了抗擊疫情，聯邦政府要花大價
錢，在加州一個製藥廠研發一種噴鼻藥呢！」

「So？」

「『噴鼻藥』，不正是『呼孔神團』？是你的
專利呀！」本棱努力提醒他道：「而且你的成本更
低，還不用化學藥物。」

　　「瞧吧，誇大其詞！我那算什麼專利？土法一個，大家隨便使用就是。但凡過敏的哥們兒，不是都在用咱的『呼孔神團』？我也讓你們儘量宣傳。所以我既沒專利、也不怕人『偷』，更沒到製藥的程度。人家畢竟製作的是噴劑噴鼻，咱這只是蘸水堵鼻；人家是用藥，咱這只是溫鹽水；人家是抗疫，我只是抵禦花粉過敏，雖然說凡能對付過敏的法子，比如與外界隔離、遮住口鼻及眼睛等，都能用在抗疫上。大家異曲同工、殊途同歸而已，談不上誰用了誰的專利。」

　　「他們畢竟是偷取了你的『呼孔神團』，才來了這個「異曲同工」。」本棱固執地說：「我說你別那麼大方充大頭好不好？」

　　阿三只是自顧自腦子在轉：「鼻藥畢竟不是疫苗，顯然只能治標；若真研製出治本的藥，又管它是噴鼻還是口服？不合邏輯！但願不是忽悠咱老百姓。」

　　「不會吧？那不是浪費納稅人的錢？得給政府寫信！」本棱也立即來個了腦筋大轉彎，義憤填膺慷慨激昂：「實在不行的話，咱們可以批準他們使用『呼孔神團』！」

「瞧吧，我看你今天只是想要和那製藥廠過不去就是！」阿三哭笑不得，別過頭去：「居然還想『批準』人家。」

「批準什麼？」阿三的女兒小甜正好這時走進來，舉著手中裝了些溼棉球的小瓶子，問阿三道：「老爸你知道這是什麼嗎？」

視屏內外，阿三和本棱難得地齊聲作答：「呼孔神團！」

（刪減版刊於 2020 年 10 月 08 日《人間福報 [副刊]》）

「尺子先生」
與「香蕉皮理论」

阿三那天本來挺高興，晚上上線在視頻中卻見本棱的臉吊得很長，不由笑問：「瞧吧，怎麼滿臉如此苦大仇深？關起門來已經躲了疫情，現在只是吃喝玩樂，居然也能過得如此悲傷哀痛？」

本棱氣急敗壞：「怎麼的，你想給我雪上加霜？」

阿三忙說：「不敢，給你錦上添花解解悶總行吧？有什麼需要控訴的，請講。」

「還不就是近來倒運，碰到了『尺子先生』！」

「什麼『尺子先生』？」

「那種掌握點知識就拿著當戒尺、一本正經到處對人苛刻的人，不就是你上次說的『尺子先生』嗎？」

「瞧吧，只是一句形容詞，你當令箭了？」阿三哭笑不得：「別只是個誤會吧？」

「肯定不是誤會！那天一興奮，我胡謅了幾句古體詩，撒到了剛參加的古體詩微信羣。別人還好說，卻有一位自稱『學識淵博』的很不以為然，把

我徹底譏諷了一頓，揪住我不放，一個字一個字地糾纏著我的平仄，把我幾乎當文盲！」

阿三問：「你把自己『胡謅』的東東，寫了扔到那個群裏去的目的是什麼？」

「分享一下唄，不行嗎？」

「上次咱倆陪妳姐和她朋友去玩卡拉 OK，你抱怨她倆唱得再難聽都得聽、非常痛苦對不對？」阿三問。

「是啊，那又怎樣？」

「瞧吧！你在高手羣裏放『胡謅』的東西，人家是不是也會當噪音？分享的意思是分而享受之，噪音怎能享受？所以無從『分享』不是嗎？須知任何一位『尺子先生』，都會有動輒上衡下量的『職業習慣』，你幹嘛招惹人家？就算招惹人家，目的也改成『拋磚引玉』、心態則改成『聞過則喜』，那又怎會生氣痛苦？高興還來不及呢。何況趁機向高手請教，目的是找個不交學費的老師，豈不是更好？」

本棱不服：「假如有些人過分驕橫，整天拿著尺子橫量豎量看誰都不順眼，而且出言不遜非常狂妄，連對人起碼的尊重都不懂，我去請教豈非自取其辱？憑什麼要去自討沒趣？」

「若真那樣，倒也無須勉強。大路朝天一人半邊，你找『山中無老虎』的地界去分享不就行了？說不定還有一堆小朋友眨巴著亮亮的崇拜的大眼睛仰望著你呢對不對？幹嘛非要和那些不尊重你的人一起混？」

「可是假如那種狂妄驕橫之人怎樣也迴避不了呢？偏就是有那種無比驕橫地歧視你，你又躲不掉、非要和他打交道、而且不可得罪的『尺子先生』們，又該怎麼辦呢？」

「你在特指古體詩群的那位『學識淵博』？」

「我這是泛泛而論。」

阿三盯住他看了一會兒，之後一臉壞笑：「你難道忘了，最不濟也可啟用『香蕉皮理論』不是嗎？」

本棱楞在那裏好一會兒，突然哈哈大笑道：「就是不得不忍受過於自負和驕橫的人物時，只要自己想像他正鼻子朝天闊步前行、突然踩到香蕉皮摔個大馬趴的狼狽相，於是自己噗嗤一笑就忍過去了的那一理論？」

阿三笑：「阿 Q 精神勝利法。雖然有些不夠厚道。」

本棱反駁：「怎麼不厚道？還記得我表哥剛提為副教授的事嗎？那時他立即變得氣指頤使，鼻子朝天動輒口出狂言好像是世界老大，看誰都不順眼、都要教訓乃至譏諷，整個是另一類的『尺子先生』。那種自滿的小人得志的勁兒，讓所有人都心生厭倦，而他自己居然渾然不知。」

阿三笑：「瞧吧，所以那次我才傳授你『香蕉皮理論』的不是嗎？現在你們都能忍受他了吧？」

「當然！每次對他使用了你那『香蕉皮理論』的『大法』，無論多麼憋屈，大家偷偷一樂也就過去了，不再和我表哥計較。但我終於於心不忍，後來還是把這事的來龍去脈告訴了我表哥。」

「然後呢？」阿三大感興趣。

「他說在想像了自己正在得意忘形之時，卻在腳底下踩到了香蕉皮，於是猛地一滑突然摔了個大馬趴的樣子，尤其想到眾人見了都跑到一邊偷偷嘲笑和議論他的感覺，心理上很受刺激。所以後來恢復了平易近人的幽默與隨和，還說每當自己想擺譜，就會條件反射地看腳下，說這一『香蕉皮理論』讓他很容易心態平和、行為謙恭。」

「易經中的謙卦，本就是最吉利的卦像。」阿三起身去倒了杯葡萄酒，邊走回屏幕邊一臉得意地說：「瞧吧，還是咱高明對不對？」

　　本棱突然隔著視屏指向他腳下，口中大叫：
「香蕉皮！」阿三驚得猛地向旁一跳，手中的酒灑
了一地，險些滑倒。

　　「果然『謙』卦最吉利，起碼不會滑倒！」
本棱大笑著關了視屏。

　　　　（刪減版刊於 2020 年 10 月 22 日《人間福報 [副刊]》）

萬聖哈米

難怪阿三總把美國人評價為「長不大的孩子」。整個十月，辦公室又是「鬼氣」連天，都趁萬聖節這美國的「兒童節」過一下童年癮。化卡通妝倒也罷了，偏有人偷偷戴鬼面具或披上鮮血淋漓的嚇人衣裝，見老闆來了便趕忙藏起來、一走就再再全穿戴上，整個在捉迷藏玩遊戲，非常享受。老闆們也童心大起故意來來去去，讓「小朋友們」手忙腳亂，同樣樂此不疲。大家心照不宣，格外開心。

當然也不是所有人都能知道辦公室的這套把戲，總有些古板的孤陋寡聞的一本正經的人，被大家也被他們自己排斥在外。

那天一早，阿三照例去給老主任哈米送材料，卻發現這位六七十歲的銀髮老人站在走廊拐彎處，遠遠瞪著自己辦公室的門發呆。見到阿三，勉強放鬆驚恐的面容，猶疑地問：「今天有新僱員來嗎？」

「最近經費凍結，怎會有新人來呢？」阿三裝作沒看出對方的緊張，笑嘻嘻地答道。

「可我剛……剛才看到一個完全陌生的胖大奇怪的紅髮女子，居然擅自進入我的辦公室，雖然馬上又出來了。」

「你想讓我進去查看一下嗎？」阿三體貼地問。

「好的謝謝！」哈米有點尷尬。好在他了解阿三，猶疑一下還是馬上同意了。

阿三推門而入四下裏仔細掃視一番，發現並無多少異常，只是桌上比平時多了個黃色大塑料袋，裏邊露出五顏六色糖塊的包裝紙，不由一笑，出來對哈米說道：「沒事，那人只是來送糖果給你。」

哈米聽到，立即三步兩步衝進辦公室，兩眼圓睜充滿警惕：「怎會有人給我送糖果？炸藥？毒藥？」

阿三啞然失笑：「後天是萬聖節，人家這是在送節日禮物給你呢！」

「她是誰？憑什麼給我？」

每逢萬聖節，互送糖果是辦公室的傳統之一，大家本來見怪不怪，只是多年來竟無人送給這位孤陋寡聞從不合羣的刻板老人而已，所以他的大驚小怪很是正常。阿三內心充滿同情，耐心地開始向他介紹這一風俗文化。哈米專注地聽著，最後還認真地特別叮囑，請求阿三務必幫他打聽到送來糖果的是哪位女子。

　　離開時，阿三不由想起當年問哈米來自哪國時的情形。坐在書桌後的哈米眼皮未擡平淡地吐出三個字：「伊拉克」，便彎腰去開最下邊的抽屜。阿三於是對著那露出桌面的胖胖的大背，笑笑地溫和地說了一句：「咱倆都屬少數民族。」他立即從桌後探出身望了阿三一眼，古板的臉上竟有一絲柔和。

　　找到那位「紅髮女子」阿三壓根沒費力氣。原來是男扮女裝的副研究員戴恩。這金髮碧眼的白小夥平時衣冠楚楚，今天卻濃妝豔抹，裹著一身臃腫的中世紀村姑式衣裙，鮮紅假髮紮著兩條粗辮，誰看了都會忍俊不禁。

　　阿三下午去向哈米報告此事時，驚訝地發現一大箱加急快遞正被搬進哈米的辦公室。哈米謝了阿三，誠懇地請他「再幫個小忙」。

　　第二天是萬聖前夜。每人一上班便見到自己桌上有個黃色的大塑料袋，裏邊是各式高級巧克力和滑稽小玩具。有人揭發說，見到是阿三清晨悄悄逐一放下的。阿三卻連連否認是自己所送，讓大家「猜是哪位神祕人的贈予」。

　　人們一時卻只對阿三今天的穿戴大感興趣。與其他人「鬼怪纏身」、血剝漓拉和五彩繽紛截然不同，他今天的 Ｔ 恤衫前襟被一個巨大的京劇大花臉所覆蓋；尤其下身穿了條打太極時專用的寬大鬆軟

的白色練功褲，惹得好幾個人一照面便圍著他轉，不約而同情不自禁叫出「布魯斯李（李小龍）」的名字。面對絡繹不絕圍攏來的眾人，他正打算熱心介紹一下中國文化尤其民間戲曲，大夥卻像黃蜂群般「哄」地一下散開了，又「嘩」地一下聚到另一人身旁。阿三定睛一看，居然是那位平時西裝革履很是拘泥的老哈米！穿的顯然是伊拉克民族服裝的白色長袍，還裹著艷麗的頭巾，自信而且慈祥，與平時判若兩人。只見他慢悠悠踩著方步徑直先走到戴恩面前，微笑著點頭致意，並真誠開口道：「由衷感謝你的萬聖禮物！」然後再向圍過來的其他人背著手笑瞇瞇明星般地點了一圈頭，這才轉過身去邁著方步不慌不忙地繼續前行。

身後留下了一群目瞪口呆的觀眾。

冷場未久，突然有人回身，朝著阿三大叫：「我知道了！我知道誰是神祕人了！」

立即接口的是戴恩：「是哈米，萬聖哈米！」

「對，是萬聖哈米！」所有人異口同聲，走廊響起一片回音。

（刪減版刊於 2020 年 11 月 05 日《人間福報 [副刊]》）

「阿米姐」

阿三和本棱那天在 Costco（好事多）買披薩，見有位東方女子偷拿了許多免費餐紙。阿三欲斥責，被本棱硬拉住，讓他不要多管閒事、畢竟不知是來自哪個國家。正在這時，他倆又見一旁兩位食客邊吃邊旁若無人大笑大叫大聲喧嘩，說的卻分明是普通話。阿三正在下定決心這次一定要挺身而出，旁邊突然衝過來一位滿頭白髮的白人老婦。她不顧身旁像是她丈夫的人的奮力勸阻，直接朝那兩人大喊了一聲「Quiet!（安靜!）」才把那二位鎮住。其他人均側目而視，收銀員更是黑了臉朝這邊望了過來。

輪到本棱交費，收銀員兇聲惡氣，身後的顧客也冷眼相向、一臉鄙視。本棱忿忿不平，出來後轉身對阿三抱怨道：「只是那兩個敗類的作爲而已，他們卻明擺著把我也當成了那些人渣！那些敗類並不能代表所有華人甚至亞洲人，他們憑什麼對我們也這麼兇神惡煞？尤其是那個阿米女人收銀員。這明擺著就是對咱的一種歧視！」

「什麼『阿米女人』？」阿三問道。他似乎這會兒倒平靜起來，沒了那種義憤填膺的勁兒了。

「那個女收銀員嘛。大家都把墨西哥人叫『阿米哥』，我就把墨西哥女的都叫『阿米姐』，因為以前覺得他們都挺可親。現在才知她們可惡又可恨，所以只能叫她們『阿米女人』就是。」

「瞧吧，什麼亂七八糟的！」阿三苦笑著糾正：「不能再叫『阿米哥』了，據說是有歧視意味，就像不能叫黑人『尼哥』。誰知你倒又冒出了阿米女人、阿米姐來。」

「還記得二十年前嗎？那時這些墨西哥人真是又樸實又可愛，而且是他們主動要我們叫他們『阿米哥』的。怎麼今天這麼叫倒成了歧視？」本棱不解：「而且明擺著現在是人家歧視咱們，要知道我上週三差點沒被他們欺負死！」

「這麼嚴重？咋回事了？」阿三很是驚訝。

「別提了！」本棱一臉沮喪：「那天急匆匆去漢堡王吃飯，自動售貨機上明擺著印著優惠券的號碼，我前邊兩個人都用那號碼買到了優惠餐。可那些『阿米姐』收銀員居然會合夥刁難我，一定要我用紙本的優惠券。我把售貨機上的優惠碼拍下來作為證明，她們竟把警察叫來說我是試圖偷拍她們！警察也居然不分青紅皂白要趕我走，那幫女的居然還偷偷地掩嘴笑！唉，現在想起來還氣得要命。那天要不是急著去看醫生，我肯定和她們大幹一架！」

阿三驚訝道：「她們真的叫了警察過來？」

「那可不是嗎！而且還沒完，那天好像所有墨西哥女人們都和我杠上了，還有另一件事等著我呢！當天下午我從停車場取車將車子退出來時，有輛車突然飛駛而過，從後狠狠擦傷了我的車尾。開車的正是一位看上去相當迷人的墨西哥女孩。可她居然立即跳下車，暴跳如雷用她的語言向我瘋狂地大喊大叫，明擺著是在罵我，真是面目猙獰潑婦罵街！我還沒回過味來去理論，她已跳上車又風馳電掣般地開走了，我居然連她的車號都沒能記下來，真是窩囊，實在太氣人了！」本棱兩眼噴火：「那天徹底顛覆了我對墨西哥人的看法！說咱們歧視？是他們歧視咱才對！」

「消消氣消消氣！」阿三連忙勸道，然後緩緩地問道：「那現在你總該明白了，爲啥剛才 Costco 的人都討厭咱們了吧？」

「什麼？」本棱一怔。

「上週寥寥數位墨西哥女子，已讓你一下子恨上了整個『阿米』系列；今天只是幾位惡劣的東方人，也導致了人們厭惡起包括你我所有的東方臉：這還不是一碼子事？」

本棱無言以對。

　　阿三又道：「所以在海外，一兩個人就真的可能代表一國甚至一整個民族，咱們不承認也沒用。」

　　本棱長嘆：「可咱們要代那幾個少數人渣受過，想想也憋氣！」

　　「沒辦法。也只能靠提高素質、自律與互律來慢慢糾正偏見吧。那可不是一日之功，所以咱們現在都得學會沒脾氣才行。另外嘛……」他欲言又止。

　　「另外怎樣？」本棱追問。

　　「另外嘛，」阿三微微一笑，也嘆了口氣：「瞧吧，既然想明白了，那就還是把人家墨西哥女子都叫『阿米姐』吧，那樣好聽點。」

　　（刪減版刊於 2020 年 11 月 19 日《人間福報 [副刊]》）

丹妮斯的聖誕寒暄

阿三在辦公室埋頭苦幹，但也擔心冷落了別人，會時時想出兩句客套話，以示自家也尚親切隨和。誰知有些愛說話的便總把小寒喧發展成大話題，一嘮叨開了便收不住口，扯住阿三當聽眾求之不得。阿三事後只能後悔不叠，自怨寒喧能力太差。

聖誕前一週，後勤組丹妮斯來結賬，阿三邊簽字邊隨口問了句：「聖誕採購完成了？」可剛開口已後悔不叠：這位可是「辦公室采購之皇」。她一旦開口，就別指望停下來：「哪那麼好運氣！費勁跑了那麼多店買到的禮物，現在還得退，一切得重買，白忙乎！聖誕聖誕，跑斷腿的日子！」

對方話匣已打開，阿三面對一大堆工作叫苦不叠。表面上又不敢顯露，勉強應道：「真不容易！」

丹妮斯卻似乎受到了鼓勵：「這年頭孩子的個子怎麼長得那麼快？我按年齡給親友子女們買下的衣物多數太小，要退了重買，多麻煩！」

阿三腦中立即顯現出丹妮斯那十一歲侄子非凡的肥胖身材。還沒露出下意識的微笑，見門口有幾位女同事聽到丹妮斯的話聲已齊齊探進了各種髮色的腦袋，便再也笑不出來。

　　丹妮斯卻興致大提，控訴的聲音中透出的完全是炫耀，開始高談闊論：哪個孩子什麼年齡她跑了哪個店買到的哪樣東西，假如退貨要再到哪家買才更有利。

　　四下裏津津有味聽了一會兒，便開始七嘴八舌議論，尤其交流起從感恩節「黑色星期五」以來熱氣未退的減價商品。各個都有故事經驗和牢騷要說，漸漸話頭延伸了開去。

　　「丹妮斯妳那麼早買禮物，難道妳女兒看不見？我兒子不管我們怎麼藏都會找出來，前天就翻出了今年悄悄買給他的遊戲機。還好沒來及寫上他的名字，所以只好說是送給他表弟的。現在我們只好去買他更喜歡的。可那東西要貴上好幾百刀，還得包好了一直藏在車子裏免得被他再翻出來。再來那麼幾次，我家不破產才怪！」

　　丹妮斯嘿嘿地笑：「下次你得開發個好地方藏。我家是在地板下開個洞，好幾年孩子從沒發現過。」

　　「好是好，可我家只是地毯不是地板，怎麼辦？」「我家是租的房子，哪敢掀地板啊！」「我家藏過地板，事後被孩子發現了，以後就沒用了。」……眾人七嘴八舌地嚷。

　　丹妮斯一句話出其不意：「那就天花板唄！對孩子而言，藏得越高越好。」

　　「我家天花板是巨大的水晶吊燈，哪裏能藏東西嘛！」「我家不光有小還有老，連房子都是我公公婆婆的，哪裏敢動天花板。」……可惜這也多無法實現，大家便覺有些掃興。

　　丹妮斯將話題轉回到采購上，將手機裏的幾張照片展示給大家：「你們看，現在衣服上所標的可以穿用的年齡段越來越不準確。不過我已經摸出了套路，知道怎麼選。這週末我會再去採購，誰想和我一起去？我手裏有一大堆優惠券！」她像變戲法一樣從口袋裏掏出一疊花花綠綠的紙來。

　　「我這也有，週末帶上我！」居然男士們也來了，「網絡高手」菲爾在女人堆外踮著腳叫道。外號「老頭兒」的約翰，竟然手中也高舉著一疊優惠券擠了進來：「還有我還有我！幫我選幾件男女老少誰都能送的禮物。不知今年誰會給我送禮呢，我得隨時備著還禮才行！」……

　　聖誕之前美國人沒法把注意力放在工作上！頭被吵昏的阿三悄悄站起身來，打算先溜出去一會兒。

　　隔壁辦公室的西茜及時叫住企圖擠出人群的阿三：「對了阿三，這個文件是我們老闆要交給你的。」遞過來時還不忘關切地問：「阿三你也買好了聖誕禮物了吧？」

　　阿三揶揄道：「都是我妻子在管。」

丹妮斯突然用奇怪的目光看了看阿三：「那你妻子的禮物誰買呢？」

阿三一楞，這他可從來沒有想到。更沒想到的，是原本想悄悄逃離的他，這會兒卻成了目光聚焦地。

菲爾插嘴：「中國人不過聖誕節，只拜菩薩。」

阿三忙說：「瞧吧，哪至於。入鄉隨俗，我們當然過節，聖誕樹早搭起來了。」轉頭又對丹妮斯說：「這個週末也帶我一起去吧。」

「歡迎歡迎！」丹妮斯立即響應：「聖誕節，贈與的節日、給與的節日、無私的節日，是我們自豪的節日。一起去一起去！」

丹妮斯取過紙和筆，一五一十記下「週末采購者」，眉宇間全是滿足和欣喜。記下名字一哄而散的也全是與丹妮斯一模一樣的欣喜神態，霎那間阿三感到自己也是如此。

聖誕節，給予的節日，他記住了，不由感激著丹妮斯聖誕的寒暄。

意外眼友

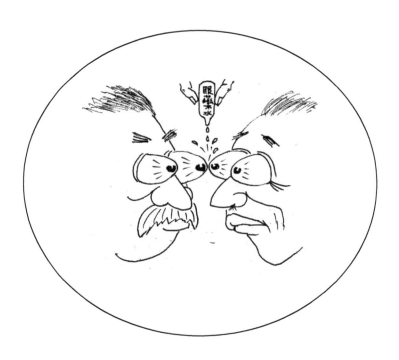

阿三再次去霍普金斯醫院看青光眼，只幾分鐘便看完並被醫生打發了出來。但知道這意味著病情並不重，令阿三很是安心。

「阿三？」胖護士叫道，她在為下次就診核實姓名：「你是阿三嗎？」

阿三尚未回答，一旁有個男聲突然也在叫：「阿三？你是阿三！」阿三一楞一回頭，見是位白鬍拉茬、戴了頂猶太小帽的男子，不由吃了一驚。不在辦公室，也不是鄰居，自己又戴了口罩，哪有白人會認識自己，而且還是如此蒼老的年紀？

「我是約翰啊！」白老頭一把把口罩扯下一半，亮相之後忙又重新戴上，透著驚喜的藍眼睛微微在笑。

「約翰啊！咱……咱可好幾年沒見了吧？」

「四年，從你阿三另謀高就之日起。」

按現下疫情的習慣，他們碰了碰拳頭。阿三仍處驚詫之中。跳槽後有幾個同事會路遇？太意外了！而且，曾經的精神百倍衣裝筆挺的老研究員，如今竟如此邋遢？他不由斜眼悄悄瞥了一下約翰那件陳舊走形的大衣。

「你也來看眼睛？有什麼問題嗎？」阿三問。這裏是專家門診，不是普通眼病該來的地方，阿三知道自己是白問，純屬空客套的 small talk 而已。

不料人家開口就是個「NO」：「不不，今天不是。我的眼壓前幾天突然從 19 飆到 25，醫生讓我詳細記錄每日的餐飲睡眠和其他日常活動，今天只是來送記錄的。」約翰邊說邊和阿三一起向外走去。

從對話中，阿三得知約翰去年和幾位老同事一起下了崗，不由黯然。約翰倒是一臉平靜地去按電梯樓層。見他伸出的手不停地在顫抖，阿三腦子裏原來那位約翰立即回了來。見阿三注意到自己的手，約翰不由嘴角一翹像是自嘲地說：「去年抖得比現在還嚴重。」

「瞧吧，多活動要好得快些，我朋友就是這樣。」阿三勸道：「散步就挺好。還要多曬太陽，而且早起鍛鍊最好。」

「早起可不成！我總是痛，必須要吃止痛藥，一吃就犯睏。信不信我昨天睡了十二小時？」

「哪兒痛？」阿三關切地問。

「哪兒都痛，尤其是腦袋痛。醫生給的藥量越來越大，睡覺時間也就越來越長，沒辦法。」

　　「瞧吧，止痛藥治標不治本，副作用也大。中藥更好調理。要不要我介紹一位好中醫？」

　　約翰連連使勁擺手。阿三立即想起中醫在美國尚不合法、常被人誤解為巫醫，忙改口道：「針灸也不錯，而且也合法。」

　　「做過半年針灸，還有其他物理治療，統統無用。只剩止痛藥能見效了。」約翰仍是態度平靜口氣堅定。

　　「那就去旅遊吧，散散心會好些。」阿三馬上又改口：「噢現在疫情，不出去為好！」

　　約翰嘆氣：「即使沒疫情也不行。現在拿了政府救濟，這種福利按規定不可長時間外出。而且近來忙著呢！我剛剛搬家，要收拾、要扔很多東西。畢竟是要搬到船上住，地方太小。」

　　「你終於要搬船上住了？」阿三吃驚不已。多年前約翰天天嘮叨的日子，居然在眼下這種狀況下實現了？那時是為追求刺激和享樂，現在呢？

　　「是啊！」約翰臉上並無一絲欣喜：「等家搬完我還要開始找工作。現在工作真是太難找了！」

　　阿三不敢相信自己的耳朵：「既然領取了救濟，政府不是應該連房子都給、醫療保險都包了嗎？」

「那錢也不夠！」約翰回答得理直氣壯：「政府救濟於我，只是免了一些開支而已。而且搬到自己船上更自由。」

「既然頭痛，又怎能集中精力工作呢？」

「那也得做啊，不然沒銀子花。還有三年我才可以領取社安金。」約翰嘆氣。

三年之後才 66 歲？阿三以爲他馬上七十了呢！沒銀子花？當年這位可是花錢如流水的主兒。可美國人多數不會算賬，素來超前消費好像過了今天沒明天，從不懂天晴須防下雨，那時闊綽所以現在只能窮了，倒也符合他們的邏輯。可他是猶太人，不會過日子的應當不多啊。

「你青光眼相當嚴重，也不應急著找工作吧？」阿三疑問著實多多。

「所以暫時還沒找不是嗎？」

「你的眼科醫生也是奎科理醫師嗎？」阿三轉移話題。

約翰搖頭：「不是，我的醫生是麥克大夫。」

有點擔心這位麥克大夫的醫術，阿三道：「奎科理醫生可是大名鼎鼎世界聞名的青光眼主任醫師，你要不要也轉到他那裏看？」

「謝謝！但我的醫生也很好，網上打分也很高，我信得過他。」約翰堅定地說。

看來這話題沒必要繼續，阿三再次轉移話題，徹底海天海地廣闊地聊了起來。專業、舊同事、經濟趨勢、未來科技走向……，共同語言似乎頗多。

邊一路聊，阿三心裏邊在盤算：如此偶遇，要不要向他索要聯繫方式、以後要不要與他保持聯繫？

經過泊車收費機，阿三不假思索熟練地掏出信用卡付款。意識到一旁的約翰猶豫一下也停住了腳步，在側轉身看著他，似乎一時手足無措。阿三索性對約翰說：「你的泊車票呢？我順便付了就是了，免得去樓下，那臺機器麻煩，總是人很多。」約翰搖頭：「不用不用，我在出門時可以用現金支付的。」阿三沒多話，不由分說從他手中取過泊車票，直接刷卡支付了。之後便趕緊再繼續著方才的談話，像從未打斷過一般，生怕約翰多想或多話。

約翰接過收據時很認真地謝了一聲，同時頭卻搖了一下，小聲說了一句「但你不必這樣的」，之後便也立即順著阿三的話題閒聊，似在很努力地彌補某種距離。好在二人像以前共事時一樣，能聊的內容太多太廣，頗多共同語言，「談笑風生」聊得熱火朝天，似乎幾年來從未分開過。一時間阿三才意識到，當年他二人在職場中是如何和諧合拍地相

互合作乃至相互扶植過，不知不覺間竟鋪墊下了某種難以忘卻的深厚友誼。

到達停車樓，約翰側頭問道：「你車停哪兒？」

「P字行的盡頭。你呢？」

約翰苦笑：「記不清了，得找！」

阿三問：「我幫你找？」

約翰肯定地回答：「不必，謝謝！那咱們就分手吧，祝你好運！」邊側身向阿三使勁揮手邊立即轉身，向不同的方向邁著堅定的步伐走了開去。

阿三也用力地在約翰身後揮手，之後繼續朝自己車子的方向走去，同時仍在為剛才那番小盤算進行著更為激烈的內心爭鬥。一使勁，他狠狠按了一下手中的車匙，不遠的車子「嘀、嘀」呼應著響了兩聲。奇怪的是，一旁的那輛車緊接著也「嘀、嘀」響了兩下。

正驚異著以為自己的鑰匙也管了旁邊的車，身後傳來腳步聲。阿三回頭一看，竟仍是約翰。「你……這是你的車？」阿三很是驚訝。

約翰也一愣，隨之走過去，用顫抖的手打開車門鑽了進去：「是的，這是我的車。」

　　阿三驚訝之色溢於言表：「幾層樓的上千車位的停車場，咱們怎麼會連停車都挨在一起！」

　　居然車子都停在地下第三層。居然，兩輛車都肩並肩停在 P 字行的盡頭！

　　約翰頓了一下才打著火，把車窗搖下來，不帶任何表情平靜地對阿三說：「我要馬上趕回船上。阿三，祝你好運，保護好眼睛，再見了！」

　　「保護好眼睛！也祝你好運，約翰，再見了！」

　　一直等到阿三把話說完，約翰才將車窗重新搖回去，一踩油門，頭也不回地駛走了。阿三目送著他的車子絕塵而去，輪胎急急摩擦地面發出一陣地庫中特有的尖利刺耳的聲響。

　　雙方都不知下次何時見面，亦或今生是否還有機會再見。

　　但這就是美國人的生活，阿三了解並且尊重，只是永遠也難以學會。

　　他由衷慶幸自己是一介華人。

感恩節的「伏笔」

感恩節前夕，小甜在物理測試中考了滿分，卻反而悶悶不樂。阿三意識到她已兩天沒和「閨蜜」小丹聯繫，這可反常。

晚餐中阿三提到因新冠疫情，不能再請小丹她全家明晚來過感恩節。小甜小嘴一撇：「就是沒疫情，也不必年年叫他們來吧？」

阿三馬上堅定地附和道：「就是！瞧吧，等妳考上重點大學，早把她甩出二里地了，誰認識誰啊！」

小甜突然站起來轉身瞪向阿三，不滿地嚷：「老爸怎麼變得那麼庸俗。那樣的話人家還不得罵我小人得志？」

阿三擺出不解的樣子問：「那妳這兩天不理人家小丹，一副氣鼓鼓的樣子、像憋足了一股勁，不就是這麼個意思嗎？」

「當然不是。哪裏是我不理她，明擺著是她不理我。」小甜帶著氣重新坐回到椅子上。

「妳不是說一直幫她學習，怎麼反倒得罪她了？」

　　小甜悶頭往嘴裏扒飯：「是啊，人家嫉妒唄！」一臉悲哀：「我倆負責同一個物理項目，是我早趕晚趕完成了報告，她現成跟著我拿了高分，誰知道卻轉臉不理我了。」

　　「馬上就是感恩節了，想感謝一下物理老師不？」阿三轉了話題。

　　「物理老師？他同紐約過感恩節了，因爲太太孩子都在那兒。」

　　「還好他不是去看老人，不然這種新冠疫情下太容易出事。」

　　「他父母早已過世。」

　　「給他發個感謝函也是好的。」阿三提出建議。

　　小甜卻嘟囔道：「是我靠自己的努力才得了高分。而且這會兒去感謝人家，顯得太虛僞了吧。」

　　「老爸老媽這兩天倒真想好好感謝感謝妳呢！」阿三又轉換個角度，一臉真誠地說道。

　　小甜卻一臉警惕：「老爸你是在這兒埋伏筆吧？只爲哄我給物理老師發感謝信？」

　　阿三忙澄清道：「非也。只因妳一直給我們帶來喜訊，老爸老媽都爲妳驕傲。」

　　小甜終於來了點興趣：「老爸是打算給我買禮物獎勵我？」

　　「疫情如此嚴重，咱們就別往店裏鑽去買東西了吧。就在家請妳看錄像怎麼樣？這個影片影齡比妳都大、而且和唱歌有關的，相信妳會喜歡。」

　　「現在就看，可以嗎？」早已悶壞了的小甜連忙請求。

　　是 1992 年的電影《Sister Act》（修女也瘋狂）。小甜看完很興奮：「早聽說這女主角琥碧戈柏很厲害，今天見識了，果然好棒！」

　　阿三也興致勃勃：「我對她教那幫修女唱歌那段尤其欣賞。妳在合唱團很久了，覺得電影裏的那種教法對嗎？按女主角琥碧的意思，合唱時只聽自己的聲音是大忌。要聽旁人的聲音，還要跟著旁人的聲音調整自己，以使所有聲音融為一體。我這樣說對嗎？」

　　「老爸居然能悟出這些道理來，不簡單。」小甜故意調侃：「這電影看來你真沒白看！」

　　「瞧吧，我倒擔心是妳可能白看了呢！」阿三大有深意地盯著小甜：「沒看出來嗎？但凡不止一個人的事兒，都講究一個『和』字，也就是和諧。」

「老爸又要上課？」小甜忽閃著大眼：「看來請我看電影，果然另有伏筆！」

「一味突出自己的聲音是合唱之大忌，」阿三自顧自往下說：「這樣自戀的做法還會因不尊重人，而會傷害到別人的情感。真正的演唱家在卡拉 OK 上不會搶話筒，倒會不吝表揚和鼓勵別人。」

小甜若有所思：「老爸你是說我太搶風頭，等於搶了其他人的機會和成績、破壞了和諧對嗎？」

「瞧吧，反應挺快呀！確實有點擔心。還是低調才最易平衡。」阿三微微一點頭：「就說小丹吧，她一直學習不錯也很努力，那在這次妳倆的報告上就真的沒貢獻？」

「那倒不是。」小甜臉微微一紅，停了一會兒才說：「要不是她收集了資料，我不會那麼快出結果的。」

阿三眨了眨眼：「那麼你們的物理老師呢？疫情下你們只需在家上網課，他卻每天不得不被堵在學校物理實驗室搞網上教學。而且他家那麼遠，只有感恩節才有機會趕回家團聚，還要冒疫情之險。你確定他不值得感激？」

　　小甜有點像被噎住，頓了一頓伴怒道：「老爸不必這樣打伏筆，你直說我應當也去感謝老師就是了！」

　　「我不是剛剛建議過了嗎？可你不是說過的，假如他真的沒為你們做過什麼，去謝他不等於虛偽？」

　　小甜臉一板，抄起手機就往自己的臥室跑。

　　「你不會又生氣了吧？」

　　「生我自己的氣，好了吧？」小甜邊關房門邊說道：「我有兩個電話要打，這會兒別煩我！」

　　「吃完飯再說不行嗎？」一直沒插話的媽媽在身後忙問，並責怪地瞪了阿三一眼。

　　「飽了，而且留著肚子吃明天的火雞大宴呢！」

　　「那就好！」阿三也忙說：「不過建議妳先給你們老師去電，然後再給小丹打。」

　　「為什麼？」小甜將門開道小縫問阿三。

　　「先打短的、話少的，免得之後再給老師去電會太晚。估計和妳老師說話時間不會太長，可和小丹的電話粥恐怕要煲到半夜了吧？」

　　小甜仍從門縫裏露著雙眼，突然對阿三做了個鬼臉，說：「我在這裏先感謝老媽老爸，然後再去感謝別人。而且格外感謝老爸剛才打伏筆幫我開竅！」

　　「這次伏筆可不是我打的！」

　　「是 Whoopi 在電影裏打的對不對？」小甜咯咯地笑。

　　「當然不是！」阿三嘆氣道：「明天啥日子？那麼明顯的『伏筆』，妳居然想不起來？」

　　小甜呆在那裏腦子急轉彎，突然恍然大悟：「噢，感恩節唄，『伏筆』就在『感恩』二字。這次對了吧？」

　　　　　（刪減版刊於 2020 年 12 月 03 日《人間福報［副刊］》）

缺席的求職者

聖誕節，確是能使全美公民忘卻一切、熱火朝天全力以赴共同投入的大日子。十二月正是花銀子採購和安排假日的瘋狂季節，哪管自家小金庫拉下大饑荒，連銀行也知道這是放貸的大好時機。人們拼命忙樂，天下一片醉生夢死的瘋狂。如果說美國人童心未泯人人單純都是長不大的洋娃娃，此時便成了歷史最好的見證。

這天已是十二月十四，是約定求職者面試的日子。來上班的人不多，只有阿三與另一組的安娜負責第一輪篩選。被面試的人通常早到，可此時已超過十五分鐘，第一位佳人仍毫無蹤影。阿三不由納悶，想入非非地瞎猜：一定又是這聖誕的狂熱，才使得求職者也開始頭腦發熱膽大妄為起來。

安娜從正閱讀著的求職人員簡歷上擡起頭，看著頗為不安的阿三，會心地撲哧一笑：「看來預約的這位在為聖誕採購忘了時間？說不定還會取消面試呢！」語氣蠻肯定，綠色的眼睛裏透著寬宏大量和深深的理解。

如此不謀而合，看來自己真的已經了解了美國人的習性。阿三也只好回以一笑。人家安娜的工作

也不少，偏能不著急不上火甚至嚴肅不起來，連這簡歷也是來至現場才臨時翻看，自己又何苦如此焦慮，只顧著怕浪費時間、只想著回去賣力趕活兒？看著天花板和四周牆上滿掛著的聖誕飾物，他暗暗勸告自己放鬆心情，努力來適應這節前的輕鬆散漫氣氛，儘管十幾年來他從沒真正適應過。他覺得這僅僅只是個休假日而已，何苦要「緊張」到發狂的地步？國內幾十年前過春節大概也是這種狀況，可現在好像早已不把熱鬧過成驚慌，尤其沒有如此奮不顧身的激情和興奮了。

過了不久祕書果然進來，一臉尷尬支支唔唔地說：「第一位面試的人剛來電，嗯……，來電要求取消面試，說，嗯……，說是因為『聖誕之因』，會在聖誕之後再來電約下次面試時間。第二位也，嗯……，也是剛剛來電，要求將面試推遲，嗯……，推遲半小時。」她緊接著又補了一句：「我真對不起！」

安娜轉頭向阿三又是會心一笑。阿三心裏卻為第二位那須多等的半小時暗暗嘆氣喊冤，表面上卻裝出一臉坦然，安慰祕書道：「沒事，又不是你的錯！」

誰知祕書很快又來，告知第二位面試人員再次來電，說「因私人原因」終於也得缺席、並也要求將面試改至聖誕乃至元旦之後。她內疚地請阿三和

安娜不要離開，說她將立即給第三位面試人去電，爭取請其提前到場。

阿三聽後更加嘆氣：也只有聖誕這種日子，纔會發生如此咄咄怪事。

安娜卻在一旁連說：「理解理解！早預料到了，聖誕嘛！」

看著秘書滿面歉意退出門去，她掉頭對阿三笑說：「下一位看上去也不可能來了！」做了個鬼臉之後又說：「都是咱頭兒不好，怎麼偏叫人家聖誕前來見工？」

阿三不以爲然：「瞧嘛，若是錄用，不等於給人家一個大大的聖誕禮物？而且離聖誕節還有十來天不是？」

「是離聖誕夜只有十天。」安娜趕忙糾正，接著又不以爲然地一撇嘴：「等於聖誕禮物？那要是不被錄用，等於什麼？而且要錄用的畢竟只有一人，所以多數來見工者都得失望不是？何況頭兒自己都在忙聖誕、不可能在聖誕前拍板。偏在這時候讓人面試，這不是坑人嗎？」

阿三無奈地搖搖頭，心想讓人來面試是因爲人家自己先申請之後咱們才安排的，怪得著頭兒嗎？坑人？面試者倒沒坑到，進坑的其實是自己。正是

因為想好好過這麼個大休假期，才想著趕緊把自己堆積如山的工作處理掉。可在這最需要爭分奪秒的時刻，卻被關在這間小屋裏，慢悠悠無所事事地等待著。想到找工者此時竟比自己還遠遠悠閒了去，他著實覺得不可思議甚至有點憤憤不平。

可看看坐在對面的安娜那悠然自得翹著二郎腿翻看手機的架勢，阿三突然對自己的緊張覺得好笑起來：瞧吧，既來之則安之嘛！反正對自己辦公桌上的那一大堆急須處理的資料是可望而不可及了，還不如索性忘掉爲佳。既來之，則安之。車到山前必有路不是？

他深深吸了一口氣，站起身，去泡了杯香噴噴的咖啡，又隨手拎了本娛樂雜誌，打算安安心心一等到底。

——多難得啊！既然聖誕，就學會放鬆，好好享受這節日期間的溫馨吧。

（刪減版刊於 2020 年 12 月 17 日《人間福報［副刊］》）

給與的節日

感恩節剛過，公司同事便聚在一起議論耶誕節禮品的采購。阿三不喜採購也煩送禮，自顧自埋頭工作。女秘書勞拉路過他的辦公室時，探頭寒暄了一句：「耶誕節是給予之節，你給你妻子的禮物買好了嗎？」

「當然！」阿三嘴硬，但多少有點心虛。這句話怎麼多少帶點威脅的味道呢？

下班回家後，阿三悄悄塞給女兒小甜一卷美刀：「瞧吧，去給妳老媽的聖誕佳節意思意思？」

小甜甚是不解：「今年老媽沒給我買聖誕禮物嗎？」

阿三故作嚴肅道：「瞎胡扯。是給妳媽買，不是讓她買給妳。妳頭天還背誦過妳老師的語錄不是嗎？——『耶誕是分享之節、給與之節』」

小甜哭笑不得，道：「那不過是老師叫我們排練的節目而已。」

阿三皺眉道：「那妳的意思，聖誕節是索取的節日嘍？好吧，把錢還給我就是。」伸手便要將錢收回去。

　　小甜哪裏肯，將錢一下子揣進口袋，臉上擺出好孩子的乖乖樣，然後一本正經地發愁道：「可不知道給老媽買啥呀！」

　　阿三也不知怎麼回答這一問題，於是回憶起女秘書勞拉這兩天與同事說的話，照抄道：「想想妳老媽喜歡啥或者缺少些啥，能表達心意就成。」

　　耶誕夜，阿三的妻子等待阿三和女兒都上了床，便按照往年慣例悄悄去聖誕樹下擺放早已準備好給各人的禮物，卻意外發現那裏先已有了個大大的紮緊了口的禮品袋。她心裏胡亂猜著是父親買給女兒的、還是女兒買給父親的。她沒觸動那個神秘的袋子，不管是誰的、不管是啥她都高興，畢竟這可是多年來的第一次。

　　直到第二天一早拆禮品的時刻，只見小甜和阿三從那神秘的袋子裏一一取出禮物，之後卻都徑直往她懷裏塞，她這才真的驚訝到了。嘴裏當然是一疊聲的抱怨：「節日花費已夠大，你倆幹嘛還要加碼？」眉宇間卻全是意外的驚喜。

　　小甜首先抽出的是個精致包裝盒，打開一看居然是個黃楊木梳子：「老媽上個月那把塑料梳子摔斷時，我聽妳又提到好多年前丟失的那把最喜歡的黃楊木梳，說可惜現在買不到了、塑料的又太容易摔斷雲雲。所以我托去紐約的朋友買了這把。不知

道妳以前的啥樣，反正至少是黃楊木的就是。」聽媽媽又埋怨她亂花錢，她嗔怪道：「老媽要是不喜歡，我可就自己用了啊！」

阿三在一旁眼一瞪：「妳敢！第一次給妳媽禮物還想自己貪汙？」

媽媽趕忙一本正經地說：「這個嘛還算可以，我還算喜歡，就原諒妳這次吧，下不為例就是！」說完愛不釋手翻來覆去地看著那梳子。但很快又突然擡頭，警惕地盯住女兒：「可妳怎麼會有錢呢？下一期的零花錢還沒給妳呀！」

小甜不由自主下意識地看了看阿三。

「瞧吧，」阿三坦然自若地接過話頭：「當然是我給的嘍！一共二三十刀，我只要減少和同事外出的一兩次午餐，就都有了不是？」

「這把梳子需要二三十刀？」妻子驚訝地看向手中的梳子。

「當然不止一把梳子！」阿三適時地從禮品包中，變戲法似地抽出一束鮮花遞了過去。妻子還未及開口，一旁的小甜忍不住笑道：「老爸真潦草！這也算送禮？」阿三卻一臉嚴肅：「瞧吧，這是代表過去、未來和現在三種含義，一點也不潦草！」他指著百合和向日葵：「這兩種花代表感謝和感恩，

是補上個月感恩節我應該送的禮物，算是對過去的歉意、又是對現在的感激。至於紅玫瑰嘛，代表我們的未來，我同事說過，它意義重大。」

妻子一邊嘴裏嘮叨著「就知道浪費錢！」，一邊慌不叠地去找花瓶。小甜則譏諷阿三道：「沒有同事教，老爸你啥都不會嗎？」妻子捧著裝了水的花瓶回來時，也抱怨地說道：「就是！而且好像沒有同事的教導，你都不知道給我買禮物。」

阿三這時又從禮品袋中變戲法般掏出另一個小紙包，打開是一條粗布圍裙。小甜驚訝道：「不會吧老爸，你難道還給老媽買圍裙，讓老媽更多地伺候你？」

阿三不由哈哈一笑，對小甜說道：「非也，這是買給我自己的禮物，代表我從此將幫著妳老媽一起燒飯做家務。」

小甜拍手叫好：「老爸今年好開竅！」

媽媽臉上也終於綻開了笑容：「這才是我今年最喜歡的禮物！」

然後她朝女兒神秘地眨眨眼：「甜兒妳餓不？」

機靈的小甜會心一笑：「餓了，要吃大餐！」

　　阿三立即擺出一臉愁容：「瞧吧，這就來了，看來這圍裙還真不能只當擺設！」然後立馬乖乖地樂顛顛地朝廚房跑了過去。

　　（刪減版刊於 2020 年 12 月 31 日《人間福報[副刊]》）

竅門滿地跑

本棱的妹妹來美探親，不懂英語，出行不易。本棱夫妻又都有工作，只有到了週末才能相陪，不由擔心她獨自一人在家會枯燥無聊。無奈，只好前來向阿三求救。

「瞧吧！」阿三不耐煩道：「我說過你多少次了：『竅門滿地跑，只看你找不找』，你天天往我這裏跑什麼，自己琢磨點竅門不就行了？」

「我早已琢磨出一個絕佳的竅門，而且百試不爽，」本棱嬉皮笑臉地答道：「那就是來找你阿三！」

阿三無奈，只好向本棱了解他妹妹的一些特殊的生活喜好。對此本棱倒是瞭如指掌：「你信嗎？她最大的樂趣是挖野菜！什麼薺菜，野韭菜，艾蒿，蒲公英，小根蒜……還有叫什麼水蘿蔔棵的，我聽都沒聽說過。餐桌上常常可見陌生蔬菜，統統都是她閒著沒事外出挖的，連酒都是她自己採桑葚自己釀的。而且還說做過研究，這些東西很多都有中藥功效、健體強身。她也的確每樣都能如數家珍說出許多好處，諸如俱備哪種功效、富含哪種維生素或礦物質等等。前幾天我們下班後陪她去附近一所中學校園散步，她指著操場邊的一種野草連連驚呼，

說那是三葉菜，包餃子、做餅都很好吃，含鐵、某某維生素之類；還特別驚訝，說沒想到美國大地上可以找到那麼多高級食材，簡直是對自然資源的超級浪費、暴殄天珍！說得真是義憤填膺。然後專門回去找了個我們每年去採摘蘋果和桃子的大籃子，花了半天時間採了滿滿一籃野菜。說實話那野菜餃子確實味道鮮美、回味無窮。……可是你想想，我怎麼可能讓她在這種地方靠挖野菜打發時間呢？」

「為啥不能？」阿三打斷了他的滔滔不絕，很是不解：「野菜非常有利於健康，這不正是兩全其美的大好事嗎？眼前的好事你不要，居然捨近求遠另外想轍，還專程跑來叫我找什麼竅門？」

「採野菜真成？」本棱猶疑：「你真的覺得可以讓她靠挖野菜打發時間？」

「當然！」阿三的態度非常堅定：「只要確定野菜無毒，只要非偷非搶，只要不傷土地不傷樹，憑什麼不成？對了，她不會每挖一棵野菜就在地面留個坑吧？」

「當然不會，放心，這點十足多慮了！她膽子奇小，除了挖野菜能壯膽，她不敢有任何其他非份之想，哪怕有一絲造成破壞的可能也會心驚膽戰。你沒見過她那小心翼翼的樣子，每挖走一棵便趕緊從旁扒拉點土填上、就像在銷毀犯罪證據，把那野

菜也真的當寶，滿臉又緊張又興奮，就像小時候一樣。」本棱此時回想起來也不禁露出一臉的微笑。

「瞧吧，既然能完成搶救自然資源的大任，又可逃脫孤獨心情的迫害，而且你們還得以品嚐美食、是第一收益者，何樂而不爲之呢？鼓勵還來不及呢！」

從此本棱妹妹的身影便常常出沒在雜草叢生之地，變戲法般倒騰出許多「食材」來。本棱桌上的菜餚很快五花八門豐富多采：槐花炒雞蛋，艾草青團，蠟肉小根蒜，醋味金花菜……連茶杯裡也時不時冒出野菊花或蒲公英或金銀花的清香。自此一家人樂此不疲各忙各的，健康歡快盈於臉上，體重也在加以小心的控制。

好事未能持久。妹妹身邊漸多了些懷疑的目光，有些金髮碧眼的路人甚至停止足步轉過身，專門向她詢問些什麼。可惜她完全聽不懂，於是頗有些受驚，一連數日未敢出門。

本棱又忙趕來向阿三討主意。阿三思忖之下，叮囑道：但凡採摘野菜或野花野草之類，有人問時就答是「軟被子」；但凡採摘桑葚之類的果子，有人問時就答「脖兒子」。

本棱的妹妹雖感疑慮，倒能輕而易舉記住這兩個單詞。斗膽出門試驗了兩次，果然奏效。

從此她的採野菜生涯重新一帆風順，久之甚至還會有人前來幫忙。有一次居然同時有三位散步經過的老人留下來幫她採摘。只是他們辨識力極差，她不得不再花許多時間把採錯的雜草清理出去。只是清理工作是心甘情願在非常歡快愉悅的心情下完成的。她說她分得清「好人壞蛋」，寧願費時費事清除採錯的雜草，也不願再看到猜疑不滿的目光和聽到不懂但分明不友好的外國話。

於是皆大歡喜。

事後本棱問阿三，什麼是「軟被子」？

阿三笑答：「Rabbits（兔子）。就是說，採這野菜是用來餵兔子的。」

「那『脖兒子』呢？」

「Birds（鳥）唄！就是說，摘這野果是去餵鳥的。」

見本棱仍懵懂狀，阿三歎道：「連那些幫忙採摘的人都一聽就懂的詞匯，怎麼到你這裏卻搞不懂呢？白當一番『軟被子』或『脖兒子』了。看來即便竅門遍地亂跑，你也難以辨認。」

「這些原本就是我家的竅門嘛。」本棱哈哈一笑回嘴道：「真正不明之處，倒是明明我家的竅門，為何卻總往你家跑？」

趁著阿三還沒想明白，他早已揚長而去。

（刪減版刊於 2021 年 01 月 14 日《人間福報[副刊]》）

數數——毅力輔助器

阿三的女兒小甜打球傷了腿，從醫院歸來仍疼得流汗。好友小丹陪著，媽媽也忙送來止痛藥，她卻自顧自只是抹淚。

「瞧吧，不必服止痛藥的！」阿三走了進來，將手一揮讓小丹和媽媽先出去：「妳們先去吃飯吧，看我的！」

阿三坐到女兒床邊。小甜見他居然笑嘻嘻地盯著自己，不由生起氣來，嘟起嘴，倒是沒有再哭出聲來。阿三笑說：「哭夠了吧？反正已經傷了，我看最重要的是怎麼止痛。哭的話還可能更疼，對不對？」

小甜氣憤地質問阿三：「憑啥不讓我吃止痛藥？」

阿三笑說：「不吃藥照樣可以止痛，難道忘了？」

小甜用手背使勁擦了一下淚水，擡起頭用疑問的目光盯住阿三。

「看來妳還真忘了。」阿三失望地搖了搖頭，將雙手張開，然後再一個手指一個手指地收回來，

兩手成拳後再一個手指一個手指地重新舒展開去，之後一言不發認真盯住半信半疑的女兒，肯定地點了點頭。

小甜眼睛一亮，隨之略顯尷尬，故意皺起眉不耐煩地對阿三說道：「行了知道了，老爸你只管也去吃飯好了。我累了，想好好睡一會兒。」一翻身將被子整個兒兜到了頭上。

阿三抿嘴一笑，輕輕走了出去。

飯桌旁大家拿起筷子沒多久，小甜已出現在門邊，一臉疲憊，徑直走來坐在媽媽和小丹中間，接過阿三盛來的飯，香甜地吃起來，像什麼也沒發生似的。

數日後她去做理療、練走路，均認真配合，再痛也沒流淚沒叫苦，痊愈得比其他人都快。

吃驚的是小丹：「妳爸把妳怎麼了？做針灸了？還是打麻藥了？或者是跳大神了……還是把妳洗腦了？妳怎麼連疼都不知道了？」

小甜微微一笑：「我爸教我數數了。」

新冠疫情仍很嚴峻，世間一片恐慌。廣播、電視、網上、手機，到處都在宣傳自我保護的方法，尤其教育人們洗手時務必用肥皂多搓一會兒。

「用肥皂搓手，得唱完一段《生日快樂歌》才算洗乾淨。」小丹在手機視訊中認真地告誡著小甜。

小甜聽了卻直樂，小丹很是驚訝，不由問道：「什麼事值得妳那麼高興？」

「妳這方法不稀罕，只和我爸的『祕方』同理、不謀而合罷了。看來又是我老爸有先見之明。」小甜仍是嘿嘿地笑，見小丹不解，便問道：「還記得前不久我腿受傷，我爸幫我止疼的事嗎？」

小丹大感興趣：「當然！這難道和洗手有關係？一直未曾搞懂，想著要好好問妳呢。你爸怎麼教妳『數數』了？數什麼數？居然能連藥都不必吃，說不疼就不疼了？」

「哪裡會不疼了？他只是提醒我用數數來扛疼。」小甜眉眼一揚：「數數這事真是說來話長。小時候我不肯走路、一定要我媽抱，我爸卻總是要我下來自己走，還教我走一步數一個數字。直到我學會了數數，他又教我說，一到不易堅持下去或者沒耐心的事時，就以 20 為單位來數數、靠這方法來支撐就能堅持到底。果不其然，這樣一來任何艱難之事都會容易熬過去，而且直到今天都有效。」

「妳說的是真的？」小丹半信半疑：「就靠數數、而且每次只數 20 下就能包治百病？能那麼簡單？」

「當然！小時候我刷牙潦草。出了顆蟲牙後，我爸堅持讓我每顆牙每次都得刷二十下，至今我再沒生過蟲牙；做仰臥起坐，靠數數可做很多很久；再比如爬山競走、洗車鏟雪、種樹挖坑、洗油汙竈臺……都靠數數就好做多了。這招非常靈，百試不爽，我爸叫它『毅力輔助器』。可惜我住校久了，受傷那次居然忘了，好在我爸及時提醒了我。」

「那靠數數究竟怎麼才能止疼呢？」小丹仍是懵懵懂懂覺得無法理解。

「疼得難熬時，盯著天花板一心數數，每次數到 20 下再從頭開始數起，如此循環往復就一定能夠扛過去。等有了機會妳一試就知道了。當然妳可別像我一樣受傷！」小甜忙著補充道：「任何難以堅持的事情妳都可以一試，保妳這招非常靈驗。而且你瞧，我老爸真的有先見之明，這方法連現在抗疫洗手都能用上。妳奶奶一定不會唱生日歌對吧？」

「啥？」小丹一時被搞糊塗了：「這和我奶奶又有什麼關係？」

「妳不是剛剛告訴我說，只要洗手時唱一段生日快樂歌，就可確保手洗幹淨並消毒殺菌嗎？既然

妳奶奶不會唱這首歌，那只要數 20 下代替就可以
了，照樣可以按照規定洗手。無非是保證洗手時雙
手擦了肥皂搓到一定的時長而已。」

「對呀，我讓奶奶只要洗手時數數就行，這倒
是個不錯的好主意！」小丹歡欣鼓舞：「我下線了，
現在就告訴她去！」

她手一撞，猝不提防，小甜手機的螢幕頓時一
片漆黑。

（刪減版刊於 2021 年 01 月 28 日《人間福報［副刊］》）

延伸思惟

阿三眼睛動了手術，連續幾天被蒙住了雙眼。於是見他除了吃喝拉撒睡，便只是坐在那裡，身子一動不動像座雕像。可看他的頭卻時常微微轉來轉去，表情尤為生動，時而眉頭緊鎖、時而神情專註、時而微笑著滿面春風、時而卻像是在自言自語……。這種反常狀態頗致旁人懷疑他神經是否正常、起碼會覺得他是患了重度憂郁癥，自然加倍招人擔憂。

本棱及時來視屏慰問：「在家一定很悶吧？」

阿三嘿嘿一笑：「怎麼會呢？在玩遊戲，樂著呢！」他看不見，以為本棱只是來電。

本棱大感興趣：「什麼遊戲？聽說你這兩天眼睛遭了殃，倒是閉著眼也能玩遊戲？在下盲棋呢吧？」

「差不多吧。是你嫂子讓你來電話查崗的吧？看我一直自我沈浸，嚇著了，只好向你求救？你倆都以為我神經上出了問題對不對？」

「你別說，猜得還真準！」本棱衝口而出。

「瞧吧，我這可不是靠瞎猜，而是靠推理。這叫『延伸思惟』懂嗎？比如說現在，老友視訊聚會

就在今晚，你卻不肯等，此時就來電；何況我從未
對你說過我眼動手術之事；加上你嫂子這兩天小心
翼翼神神叨叨不敢和我多說話的樣子，……你再這
一來電，不就等於全告訴我了？還記得『中國五大
歷史定律』裡的第一定律嗎？」阿三一口气说道。

「你指的是『象牙筷定律』？當然記得。殷紂
王上臺後命人做了一雙象牙筷。有位賢臣說：因此
等筷子只能配玉杯、玉杯只能配山珍海味、進而配
錦衣華車加高樓、最後必然導致去境外搜索奇珍異
寶……此即見微而知著是也。後來紂王果然如此腐
敗下去，最終導致亡國。」本梭話鋒一轉，愈加好
奇：「那位賢臣的大名就叫箕子，和你下盲棋沒關
係吧！」

「我哪下什麼盲棋了，只在學箕子做延伸推理
的遊戲而已。」

「舉些例子？」

未料打開了阿三的話閘，他立馬開始滔滔不絕。
說據他認為，一切事物皆可延伸思維。比如自己眼
睛現在看不見、被灑到地面的水滑倒了，於是想：
滑倒後跌傷怎麼辦？衣服髒了怎麼辦？想買新衣服
怎麼辦？……最終的結論是務必不要摔倒：「待我
重見光明之時，定是我小心翼翼、從此再不跌倒之
日。」

186

再比如和朋友一起去吃飯，剩菜打包究竟要不要讓人家帶走？不讓人帶顯得小氣，讓人家帶豈非等於讓人家吃自己的剩飯；留在餐桌上當然就是浪費；而最重要的就是「光盤政策」、一點不剩。

另有，疫情下應當怎樣持續保持警惕？疫情過後世界會發生怎樣的變化、怎樣面對與處理？要不要從此始終戴口罩隨時提高警惕？世界恢復不到以往的人和人可以密切相處又該怎麼辦？人們因此而過憂，反而導致杞人憂天、動輒小題大做又該怎辦？

「還比如今晨感覺有小風吹來，那一定是門沒關嚴。誰來過？什麼時候來的？為什麼我不知道？我睡著了為什麼會有人進來？沒睡著怎麼我沒聽見？門把手壞沒壞？壞的話找誰修？要不要換？要不要去添衣服？天太冷、不能出門去買衣服，又該怎麼辦？……」阿三津津樂道似乎越說越上癮：「……總之，一切事物皆可順藤摸瓜玩轉一下，『延伸思惟』有趣之至，一大遊戲是也！」至此總算畫了一個句號。

「為雞毛蒜皮的事浪費腦子？值得嗎？」本棱去廚房喝了半杯水又吃了一個蘋果，回來見視屏上的阿三仍在滔滔不絕，非常驚訝，不由無奈地問了一句。

　　「練腦子嘛，當然值得！所有的事都可以這樣抽絲剝繭追蹤思維下去。這尤其可以訓練聯想力、判斷力、預測力、以及決策能力。所有問題發生之後，我都會至少考慮三種可能和三種對策。而且每件的延伸思惟都必有時間限製。久而久之，一旦臨事必會思如泉湧，連寫論文都可滴水不漏。對此我早已深得其益，只是這些年浮躁，此遊戲已很久未曾深玩，如今機會難得，怎能放過。」

　　本棱不以為然：「人家像你這樣閒暇時，都或是聽書，或是構思長篇，甚或誦經亦或禪坐，再不濟也是蒙頭大睡。你可倒好，筷子定律成了延伸思惟、拿浪費腦子當遊戲，實在怪誕得緊！」

　　輪到阿三嘆息：「人唯一取之不盡用之不竭的能源，就是自己的大腦，而且必會越練越靈光。所以我這是在開發資源，你們才真正是在浪費腦子。」

　　妻子給阿三送來一杯濃香撲鼻的咖啡，仍是提心吊膽滿腹擔心啥也沒敢查問，但見到視屏上是本棱的臉，這才鬆了口氣。待她小心翼翼出去、剛剛轉身把門重新帶上，便聽阿三急吼吼地對本棱要求道：「你現在必須馬上給我妻子即你嫂子去個電話，就說我在玩延伸思惟，讓她不必再為我擔心！」

　　本棱哼道：「寧願說你在下盲棋，豈不更易讓她安心？」

「有道理！」阿三高興道：「你這等於又給了我一雙新筷子，我又有新遊戲玩了！看是說下盲棋還是說真話會讓她更安心？怎樣安心、哪一點上會讓她覺得更像假話？假如信了又會如何？從而判斷她下一步的思維與行事⋯⋯」

聽到本棱又哼了一聲，阿三趕忙追問道：「你肯定會第一時間給你嫂子去電，對也不對？」

本棱果斷下線，留阿三在那裏閉著眼睛自言自語，繼續抽絲一般發表長長的宏論。

（刪減版刊於 2021 年 02 月 25 日《人間福報［副刊］》）

以不變應萬變

又是週末線上聯歡，老友們個個牢騷滿腹，阿三滿耳充斥的都只是噪音。皆因有消息，說美國政府將取消微信，而大家都參加了很多微信群，一旦取消必會牽一髮而動全身。各群都在潮水般尋找替代軟體，WhatsApp、Line、Telegram……群友們個個跟著現學現用，努力適應著這種大逃亡的氛圍。雖說海外華人不能用微信當錢包、不致有被卡住喉嚨的恐慌，但已適應多年的環境突然被一朝打破，六神無主無所適從、要試圖從四面突圍的緊張感還是有的。

突如其來的慌亂加上疫情，雙重烏雲壓頂，有待渲洩的不滿自然排山倒海。有的抱怨美國政府禁用微信是小題大做草木皆兵杞人憂天，有的抱怨其他軟體不及微信，有的手機空間不足、無法下載新軟體，有的手機不能上 Line，有的對各種新軟體無所適從，也有的對各群有各自不同的「逃亡」方法整得頭暈腦脹，更有的在無數微信群和新軟體之間往來奔波顧此失彼苦不堪言……

本棱的手機夠舊，所以每天最大的煩惱，是要花兩三個小時刪去新舊群間的重複發文，不然手機空間轉瞬爆滿。

所以，當看見阿三自顧自微微笑著呆在螢幕一角只是旁觀，本棱多少有些不悅，不由質問道：「阿三你在隔岸觀火？」其他人也立即接了上來，七嘴八舌地亂叫：「阿三難道不想逃亡？」「到時候聯繫不上可別怪罪我們。」「看你不聞不問的樣子，難道有法子對付這些糟心事？」

阿三充耳不聞面不改色，始終微微笑著一言不發。

大家好奇心更起，紛紛追問阿三是否想出了什麼「高招」。

阿三仍只是一如既往地微笑，沈默不語，問得愈急愈是紋絲不動，僵住了一般。

本棱驚慌起來：「阿三莫非中風了？」對著螢幕大喊：「嫂子在家嗎？快到電腦這邊來，看看阿三是不是病了，要不要打 911 叫救護車？」其他人也七嘴八舌一頓亂嚷。

阿三這才突然「醒」了過來，怒道：「喊什麼喊什麼？真驚動了你嫂子我絕對饒不了你們！緊張什麼你們都緊張些什麼？我不是已經回答了你們所

有問題了嗎？你們看——」說完嘴一合身子向後一靠，又是一言不發只在那裏微微傻笑。

「你是打算耍我們玩兒？」本棱憤怒地將手一揮：「各位鄉親，咱們一起衝著屏幕叫嫂子過來怎麼樣？實在不行就打電話給她！」

「別別，至於嗎？我這不是挺好！」阿三見事不妙，忙直起身再次開口阻止大家，聲音裏多少透著點驚慌和哀求，道：「瞧吧，難道你們都沒看見？我剛才一直是同一姿勢、同一表情不是？這就是在回答你們的問題嘛！可惜的是你們居然沒有一人能夠開竅。」見本棱又要發火，他又不由嘆道：「瞧吧，行為藝術懂不懂？懂不懂？我這姿勢表情和所有一切的一切，就叫作『以不變應萬變』，也就是要告誡你們：在目前這種國際國內、州裏群中、四處八面都復雜多變的形勢下，唯一只能采取我這種『以不變應萬變』的戰略戰術，才會保你們萬無一失。可怎樣才能做到『以不變應萬變』呢？——」說完突然再次僵住不動，擺出一成不變微微傻笑的模樣來。

一片哄笑中，有人大聲問道：「空話誰不會說，你也畢竟沒說明白。究竟怎樣才能做才是不變呢？」更有人頗有詩意地說：「斗轉星移，才能春暖花開，咋能說不變就不變、和全世界對著幹？」

「瞧吧，要问怎麼辦嗎？簡單，聽我的就是！」阿三答道：「目前各群都在將微信和新軟體併用，建議你們只管跟著各自群主，去下載所需新軟體準備藏身。但新軟體只要學會即可、不必鑽研也不必天天跟風，眼下仍要以使用微信為本。不管天下如何熙攘，『我自歸然不動』，非到萬不得已、情況完全屬實之時，只管守住微信、不必更換。」

有人不服：「你這不變之術太過死板，哪有『狡兔三窟』來得靈活？」阿三回道：「即使狡兔三窟，也要以其中一窟為主不是？那一窟目前仍是微信。」

另有人疑慮：「可畢竟要未雨綢繆，不然一夜間突然失聯了怎辦？」阿三答：「臨時遮『雨』的物件有得是。電話、e-mail，還有現在的 ZOOM，哪樣不更可靠？」

還有人不認可：「你那是守舊，過於保守。」

「非也，倒是你們那叫浮躁才是。」阿三眉毛一揚：「中華傳統文化幾千年，算新還算舊？你守還是不守？」

本棱突然插嘴：「說不定微信不会被禁呢！有位搞電腦的說，僅從技術而言，政府就難以全面禁用微信。」

阿三得意地一揚眉：「瞧吧？」

「阿三你也別得意，」本棱也一揚眉：「真出事的話，我們還得拿你是問！」

那晚散會紛紛下線之時，大夥臉上不知不覺都掛上了阿三那莫衷一是、一成不變的傻乎乎的微笑。

但最終本棱也沒真的能拿阿三「是問」。政府後來確實禁用了微信，但只能施於新的版本。只要仍用舊版或不換手機，便會天下太平。

「我說什麼來著？」阿三更加得意：「瞧吧，畢竟薑是老的辣、物是舊的好。以不變應萬變，才是真絕招。」

（刪減版刊於 2021 年 03 月 11 日《人間福報 [副刊]》）

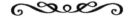

用大腦思維才最慢

「**用**大腦思維才最慢」，最近阿三常將此話掛在嘴邊。

本棱不解。因有兩位同事思維很慢且還往往不動腦筋去做事，出錯率非常高，所以本棱自己最近奉行的口號是「大腦先行」，潛臺詞是和大腦不先行的人一起做事非常不順手，認爲只要是不先動腦子，必會錯誤百出事倍功半。

「你分明在鼓勵落後！」本棱向阿三發起進攻：「誰都知道只有思考在先、做事在後才正確。」

「說得不錯。但這『思考在先』應當還有更高的層次。」

本棱嗤之以鼻：「『思考』本身就是『更高的層次』。你強詞奪理忽悠人不要緊，打破了人們的正常思維與爭取進步之心，才是罪人一個。」

阿三於是故作神祕地問本棱：9 乘以 9 等於幾？本棱剛剛回答完，他馬上又問：那麼 25 乘以 25 等於幾？本棱正中下懷很開心，因爲計算以 5 結尾的平方是他的拿手好戲，所以立馬也回答了出來。

阿三於是笑道：「這下上我當了不是？」

　　本棱不知自己上的哪門子當，很奇怪，看著阿三繼續舒展著的一臉壞笑，不由一臉警惕和不甘：「怎麼著，我真的又被你算計進去了？」

　　「倒不完全是。」阿三笑著回道：「瞧吧，你算這些題時，並未真正經過大腦仔細思維，但確比經大腦一五一十計算的人要快太多。」

　　本棱若有所思，但立即道：「那是因爲我應用了公式！」

　　「第二道題用的可並非公式吧？」

　　本棱老老實實回答：「那倒不是，但是個竅門。據說印度或其他什麼地方的人會用更方便的方式計算，不過我知道的這個也很簡便：但凡計算以 5 結尾的數字的平方，只要將第一個數字乘以該數字加 1，就是答案的前半部；答案的後半部統統都是 25。所以我剛才能馬上回答 25 平方的答案：用它的第一個數字 2，乘以『2 加 1』，也就是 2 乘以 3，等於 6，所以答案的前半部就是『6』、後半部分永遠是 25，所以正確答案自然就是 625 。再比如 75 乘以 75，那答案的前半部就是 7 乘 8 等於 56，加上後半部的 25，所以結果就是 5625。」

　　阿三打了個大哈欠：「我只說那不是公式而已，你何必擺一大堆數字給我聽。何來簡便？我可覺得繁瑣之极。」

　　見本棱一時無語，阿三接著說道：「雖你那非公式，但也是類公式、是前人總結出的好方法，總之使你不假思索、即不經大腦仔細思量便能立即正確回答的方法。所以我想說的是：取用前人積累下來的經驗總結，要比讓自己大腦臨時轉動快得太多。」他用諄諄教導的神態補充道：「所以你那先動大腦、後動手之類的論調，實在也是落伍了。」

　　本棱反抗道：「難道你真的認爲做事之前不必先動腦子？」

　　阿三一笑：「那倒不是。我是說，假如你真的高明，那就尋找、甚至設計公式，讓人家不動腦子也能照做。靠嘲笑人家不如你聰明，無濟於事。」

　　本棱不服：「公式那東西哪能隨便發明？而且有的情況下公式並不適用，或者說有些事和公式並無關聯。比如製作零件須十道工序，人家卻只記得做七道，對此你怎才能搞一個可以套用的公式來提醒人家？」

　　「太好辦了！」阿三笑道：「你設計一個包括十道工序的 checklist（清單），讓人家每做完一項就勾掉一項，不就成了？這清單便可看成是公式，不必硬記也不會錯過每一道工序。當然還有一種方法。看過卓別林演的電影《摩登時代》沒有？所有的工序由各个不同的人專門把守、一人一道工序，

所以卓別林每天只要做一件事，就是擰螺絲即可。
人成了機器的一部分或一道工序，不必動腦子也會
做，不易出錯，而且絕對不會有任何一道工序被人
遺忘。那是另一種公式性的處理方式。兩種『公
式』，就看你喜歡哪種了。」

「我看清單的方式就不錯。第二個卓別林的那
種，實在太不人道太沒人性了。」本棱想了想，突
然轉身就走。

「你去幹啥？」阿三忙問。

本棱從身後擺擺手：「去設計 checklist 呀！」
又突然站住，回身對阿三說：「對了我得糾正一下：
你的『用大腦思維才最慢』的說法不對。正確的說
法應該是『臨時動腦才最慢』。」

阿三不由大笑：「我那是標題黨的忽悠法，引
人目光之用！」

本棱得意：「又錯了吧？你自己才真的落伍！
現代詞彙裏那叫『吸人眼球』。你得記住，以後可
以把它當公式用，免得臨時措辭、成了『用大腦思
維才最慢』的典範。」

（刪減版刊於 2021 年 03 月 25 日《人間福報 [副刊]》）

遠三外傳
阿三的三

作　者｜文外（Susan Chen）

繪　者｜寒敘

出版者｜美商 EHGBooks 微出版公司

發行者｜美商漢世紀數位文化公司

臺灣學人出版網：http://www.TaiwanFellowship.org

印　　刷｜漢世紀古騰堡®數位出版 POD 雲端科技

出版日期｜2024 年 5 月

總經銷｜Amazon.com（亞馬遜 Kindle 電子書同步出版）

臺灣銷售網｜三民網路書店：http://www.sanmin.com.tw

　　　　　三民書局復北店

　　　　　地址/104 臺北市復興北路 386 號

　　　　　電話/02-2500-6600

　　　　　三民書局重南店

　　　　　地址/100 臺北市重慶南路一段 61 號

　　　　　電話/02-2361-7511

　　　　全省金石網路書店：http://www.kingstone.com.tw

中國總代理｜廈門外圖集團有限公司

地　　址｜廈門市思明區湖濱南路 809 號國際文化大廈裙樓 5 樓

定　　價｜新臺幣 600 元（美金 20 元／人民幣 135 元）